(1)

COLLECTION

ALAIN BENTOLILA
FRANÇOIS RICHAUDEAU

Emmanuël Souchier
Centre d'Étude de l'Écriture,
Paris 7

Georges Rémond
IDEN

Jean-Paul Rousseau
Directeur d'école d'application

Martine Descouens
Institutrice

a.r.t.h.u.r

a telier de lecture
\+ **r** emédiation et renforcement
\+ **t** echniques de lecture
\+ **h** abitudes de lecteur
\+ **u** tilisation des compétences
= **r** éussite

NIVEAU 3

NATHAN/RETZ

Nous remercions de leur amicale participation à la mise au point du *Moniteur de lecture* les instituteurs et les élèves des écoles :

ÉCOLE ÉLÉMENTAIRE LA PEPINIÈRE
Mademoiselle Khol
Madame Maugueret
37 avenue A. Briand
94360 BRY-SUR-MARNE
Tél : 48.81.01.36

ÉCOLE PRIMAIRE TORCY
Mademoiselle Bailly
23 rue Boucry
75018 PARIS
Tél : 42.45.08.90

ÉCOLE ÉLÉMENTAIRE MIXTE
Monsieur Pascaly
42 rue Madame
75005 PARIS
Tél : 45.48.93.07

ÉCOLE LA FONTAINE
Madame Gauthier
89200 AVALLON
Tél : 16/86.34.14.59

Préface

Lire, ce n'est pas entrer dans un produit, c'est entrer en production.

R. Barthes

A.R.T.H.U.R. (niveau 3) c'est :

Une somme de **240 exercices systématiques et gradués et de 30 textes** permettant un **entraînement** de l'apprenti-lecteur en vue de la **maîtrise des gestes mentaux nécessaires à une lecture efficace**.

Ces exercices visent à améliorer les compétences de lecture. Ils gagneront à être conduits de façon systématique et rigoureuse dans le cadre de consignes strictes. Ils doivent avoir toute leur place (mais rien que leur place) dans le puzzle complexe des activités à mettre en place pour former de véritables lecteurs polyvalents.

Ils seront utilisés :

- soit à raison d'une ou deux fois par semaine dans le cadre d'ateliers tournants (chaque série de quatre chapitres, suivie d'un chapitre « bilan » constitue alors la matière d'un trimestre de travail) ;

- soit comme activité de « mise en condition » préalablement à un travail où l'acte de lire s'exerce en situation vraie, c'est-à-dire comme moyen et non comme fin.

Dans ce contexte, notre ouvrage s'appuie résolument sur les acquis les plus récents concernant la lecture et son apprentissage, tant au niveau cognitif que psychologique ou pédagogique.

Mais A.R.T.H.U.R. (niveau 3) c'est aussi et surtout :

Une prise en compte de **la diversité** des apprentis-lecteurs non seulement quant à **leur niveau** mais aussi quant à **leur profil.** En effet, la structure même de l'ouvrage permet de proposer des **menus d'activités personnalisés** en fonction des déficiences ou des faiblesses constatées.

C'est pourquoi :

- A.R.T.H.U.R. a été conçu en relation étroite avec les outils d'évaluation contenus dans la mallette du « Moniteur de lecture ». Toutefois, il peut s'utiliser indépendamment de ces derniers.

- A.R.T.H.U.R propose, pour chaque activité, un objectif général prioritaire visant à développer telle ou telle aptitude partielle qui entre en jeu dans l'acte de lire.

Ainsi :

• Les activités précédées du sigle « carreau » ♦ visent à améliorer **la dextérité du lecteur dans la saisie de l'information :**
– sûreté et précision des déplacements oculaires ;
– reconnaissance globale et rapide de mots, y compris sous des « costumes » visuels différents (majuscules/minuscules par exemple) ;
– perception rapide de différences ou de ressemblances, etc.

Il convient donc, ici, de donner « une prime à la vitesse » selon la formule d'Alain. À cet effet, nous suggérons de préciser, avant la tâche, le temps imparti pour son exécution. Au cours moyen, environ 10 minutes de travail individuel intensif nous paraissent une norme raisonnable pour la plupart des exercices portant sur des mots isolés ou des phrases.

• Les activités précédées du sigle « cœur » ♥ visent à améliorer **la précision dans le traitement de l'information**, en privilégiant ce qui touche à la compréhension, au « bon sens ».
Toutefois, l'objectif est moins de développer quantitativement le vocabulaire que de faire prendre conscience à l'élève de l'organisation, de la richesse ou des nuances de ce dernier.

• Les activités précédées du sigle « trèfle » ♣ relèvent prioritairement de la **lecture recherche**. Elles concernent surtout les textes, les listes ou les tableaux (documents non linéaires) et visent à développer la capacité à chercher et à sélectionner dans un document écrit, un ensemble d'informations ou encore, à tirer, d'informations données, un certain nombre de conséquences logiques.

• Les activités précédées du sigle « pique » ♠ visent à développer **la capacité à mémoriser les informations** d'un texte, les détails ponctuels et/ou les idées générales.

Ces sigles se veulent des indicateurs :
– **pour le maître,** en orientant ses exigences comme ses modalités d'aide ;
– **pour les élèves,** en fixant, cartes sur table, les objectifs à privilégier ou le type d'exploitation qui sera fait de tel ou tel document.

A.R.T.H.U.R. (niveau 3) c'est enfin :

Un moyen d'organiser des ateliers de lecture adaptés aux besoins des élèves. En effet, par leur organisation et leur diversité les exercices proposés permettent une remédiation adaptée et personnalisée selon l'organisation suivante :

A) Activités de remédiation ou d'amélioration appuyées sur des mots isolés ou des phrases :

Exercices à proposer

♦ VITESSE

Atelier 1 :
Élèves dont les déficiences se situent plus au niveau de la « dextérité » que de la compréhension.

Atelier 2 :
Élèves dont les déficiences se situent prioritairement au niveau de la compréhension et du traitement des informations recueillies.

Atelier 3 :
Élèves faibles en tout domaine. On privilégiera les premiers exercices de chaque catégorie (mots, phrases, textes).

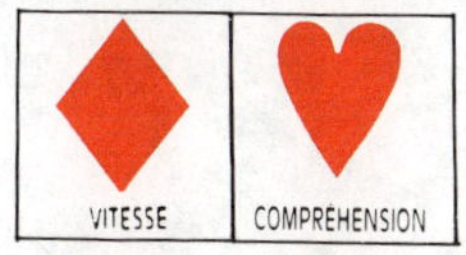

Atelier 4 :
Élèves non déficients, aux capacités homogènes, dont on veut améliorer les compétences. On sélectionnera les exercices en fonction du niveau et du profil des élèves.

B) Activités prenant appui sur la lecture et l'exploitation de textes

Atelier 1 :
Activités exerçant surtout la capacité à **enregistrer** les informations d'un texte.

Atelier 2 :
Activités exerçant surtout la capacité à **traiter** les informations d'un texte.

Pour une bonne pratique :
Si les exercices proposés privilégient volontairement la lecture silencieuse, il nous paraît essentiel que la correction des travaux s'appuie, elle, sur l'oralisation effective de tout ou partie du matériau « traité ». En effet, si le but ultime de l'apprentissage de la lecture est bien la capacité d'**appréhender efficacement les informations** (visuelles et linguistiques) d'un document écrit, la mission de l'école est aussi de faire apprivoiser la langue sous tous ses aspects (écrit, oral...).
Dans cet esprit les textes, après préparation solitaire, peuvent et doivent donner lieu à une lecture orale. De plus, chaque fois qu'un texte comporte des mots en marge, synonymes ou mots à introduire dans la ligne, il sera bon de proposer une relecture du texte dans lequel les mots en marge se substitueront aux mots du texte ou, selon le cas, viendront s'incorporer à lui.

La plupart des exercices exigent une trace écrite. Il sera possible soit d'utiliser un transparent avec feutre effaçable, soit de faire noter dans le cahier d'essai les coordonnées des réponses choisies.
La pratique de la photocopie est autorisée pour les trois chapitres constituant les bilans, afin de pouvoir garder périodiquement trace des évolutions constatées.

La formation du lecteur qui incombe à l'école passe par une nécessaire diversification des activités de lecture. Ce manuel est un outil conçu dans cet esprit. Nous espérons qu'il aidera les maîtres à doter leurs élèves de tous les atouts nécessaires pour gagner le pari de l'apprentissage en ce domaine.

Les auteurs.

Sommaire

♦ Objectif prioritaire : la vitesse
♥ Objectif prioritaire : la compréhension
♣ Objectif prioritaire : la recherche
♠ Objectif prioritaire : la mémoire

	ACTIVITE LECTURE	TITRE DES EXERCICES	OBJECTIFS	TECHNIQUES	PAGE
12	sur les mots	**Des fleurs pour Monsieur Brû** **A chacun sa définition**	♦ ♣ ♦ ♥	Recherche rapide d'informations (annuaire) Associer un mot et sa définition	104-105 106-107
	sur les phrases	**Le « mot outil » oui ! Mais le bon !** **Vous m'avez posé une question ?**	♥ ♥	Choix d'un mot outil selon le sens d'une phrase Associer une question à sa réponse	107-108 111
	sur les textes	**Le « casse-tête » (article)**	♦ ♥ ♥ ♠	Repérage des lignes mélangées d'un texte Choix d'un titre d'article Mémorisation et reconstitution de phrases	108-109 109 110
13	sur les mots	**Et vogue le bateau à mots** **Les mots-étoile**	♦ ♦ ♦ ♥	Repérage rapide d'intrus dans liste alphabétique Repérage rapide d'un mot, contrainte visuelle Association de mots, critère sémantique	112 112 113
	sur les phrases	**Le programme de télévision** **Une histoire sans queue ni tête**	♦ ♣ ♦ ♥	Recherche rapide d'informations (programme T.V.) Choix de la fin logique d'une phrase Choix du début logique d'une phrase	114-115 119 119
	sur les textes	**Le mode d'emploi**	♥	Lire pour faire. Relation texte/illustration Compréhension et utilisation d'un mode d'emploi	116-117 118
14	sur les mots	**Du sens à la forme...** **Les amis logiques**	♥ ♦ ♥	Association de mots, critères sémantiques et typographiques Association de deux, puis trois mots, critères sémantiques	120 121
	Sur les phrases	**La flore alpine**	♥ ♣	Recherche d'informations dans une flore	122-123
	sur les textes	**Pas de chien pour Sophie** **Pas de chien pour Sophie (suite)**	♥ ♥ ♦	Mots en marge, place non signalée dans le texte Recherche rapide de mots dans un texte Choix de résumés	124 125 126
15	sur les mots	**La piste de l'espace** **Les mots-étoile dans les étoiles**	♦ ♥ ♥	Association de mots, critères sémantiques et typographiques Association de mots, champ sémantique restreint	127 129
	sur les phrases	**L'outil dans l'espace de la phrase** **Mais quelle était la question ?** **Mais où est donc la réponse ?**	♦ ♥ ♥ ♥	Choix d'un mot outil selon le sens d'une phrase Associer une question à sa réponse Trouver la réponse à une question	127-128 130 131
	sur les textes	**Une expédition lunaire**	♦ ♥ ♣ ♥	Lecture rapide avec contrainte visuelle Compréhension de la logique de cette contrainte Choix de titres de paragraphes	132-133 134 135
		Corrigés			136-144

1

VITESSE | COMPRÉHENSION

La course aux « jumeaux »
La chasse à l'intrus

◆ **1** **Regarde bien le premier mot de chaque liste. Cherche, le plus vite possible, ses « frères jumeaux » dans la liste.**
Souligne-les et compte-les.

1 **CERISE** - POMME - PÊCHE - POIRE - ABRICOT - CERISE - MELON - ORANGE - GROSEILLE - POTIRON - CERISE - RAISIN - CHÊNE - NOIX - CERISE - GROSEILLE - CHÂTAIGNE - ANANAS - PRUNE - PAMPLEMOUSSE - CITRON - FRAISE - PASTÈQUE -

CERISE : .... fois.

2 **NAVET** - SALADE - LAITUE - ENDIVE - RADIS - CAROTTE - NAVET - HARICOT - OIGNON AUBERGINE - HARICOT - POIREAU - JARDINIER - ÉPINARD - NAVET - OSEILLE - NAVET PERSIL - POMME DE TERRE - BETTERAVE - PETIT POIS -

NAVET : .... fois.

3 **CHOU** - BOUT - DOUX - CHOU - ÉGOUT - HIBOU - POU - CAILLOU - GENOU - COU - CHOC - TOUT - CHOU - BOUC - DOUX - FOU - CHOU - COUCOU - COUVE - BAMBOU - FLOU - ZOULOU - CHUTE - CHOUETTE - CHOU - GOÛT - DEBOUT - CHAT - LOUP -

CHOU : .... fois.

♥ **2** **Un intrus a poussé au milieu de la corbeille de fruits (liste n° 1). Trouve-le et entoure-le au crayon.**

♥ **3** **Un intrus s'est glissé dans le panier de légumes (liste n° 2). Trouve-le et entoure-le.**

◆ **4** **Tous les mots de la liste n° 3 devraient contenir les lettres « OU », mais il y en a qui trichent ! Trouve-les vite et entoure-les.**

◆ **5** **Regarde bien, ci-dessous, le premier mot de chaque liste. Cherche, le plus vite possible, ses « frères jumeaux » dans la liste.**
Souligne-les et compte-les.

4 POULE - PINTADE - CHÈVRE - POUSSIN - POULE - COQ - AGNEAU - POULET - *DINDE - VACHE - BŒUF - POULE - DINDON - VEAU - RENARD - PINTADEAU -* **MOUTON - CANARD - LAPIN - OIE - VACHE - POULE - PORC - BREBIS - LOUP -**

POULE : .... fois.

5 <u>ASTICOT</u> - ABRICOT - ABRITER - HARICOT - ASTICOT - ABSENT - COQUELICOT - *TRICOT - ASTICOT - PAQUEBOT - ESCARGOT - BRIGAND - ROBOT - ASTICOT - GIGOT -* **VOLEUR - CACHALOT - CAMELOT - GRELOT - ASTICOT - JAVELOT - MULOT - CALOT - ASTICOT** : .... fois.

6 <u>COLOMBE</u> - COLONEL - TOMBE - NOMBRE - COLOMBE - COLLÈGE - BOMBE - *CULTURE - COLONNE - SOMBRE - COLLINE - ONDE - COLOMBE - COLORER - ENCOMBRE -* **COLONIE - OMBRE - COMBLE - COLLE - PÉNOMBRE - COLOMBE - COLLIER - COLOMBE** : ... fois.

♥ **6** **De sauvages intrus se sont glissés dans la ferme (liste n° 4). Trouve-les vite avant qu'ils ne fassent des dégâts et entoure-les.**

♦ **7** **Dans la liste n° 5, les mots commencent par « A » ou bien finissent par « OT ». Mais quelques coquins échappent à cette règle. Trouve-les vite et entoure-les.**

♦ **8** **On retrouve deux lettres dans chaque mot de la liste n° 6, sauf dans un. Lequel est-ce ? Trouve-le, le plus vite possible, et entoure-le.**

La chasse aux « coquilles »

VITESSE

9 **Chaque phrase a été répétée mot à mot, mais il y a parfois des erreurs. Coche la case si les phrases sont exactement pareilles. La première est donnée en exemple.**

Vers 1933, le monstre du Loch Ness a reçu le nom de « Nessie ».
1 ⊗ En 1934, monsieur Wilson a pris une <u>superbe</u> photo de « Nessie ».
2 ○ Vers 1933, le monstre du Loch Ness a reçu le nom de « Nessie ».
En 1934, monsieur Wilson a pris une <u>belle</u> photo de « Nessie ».

En Écosse, on dit qu'il existe d'autres monstres dans les lacs.
3 ○ En Écosse, « lac » se dit « loch », comme le Loch Lemond ou le Loch Ness.
4 ○ En Écosse, on dit qu'il existe d'autres monstres dans les lacs.
En Écosse, « lac » se dit « loch », comme le Loch Lemond ou le Loch Ness.

Les Écossais ne sont pas les seuls à avoir inventé des monstres.
5 Depuis l'origine du monde l'homme a créé des êtres fantastiques.
6 Les Écossais ne sont pas les seuls à avoir inventé des monstres.
Depuis l'origine du monde l'homme a créé des êtres fabuleux.

Connais-tu des noms d'ogres, de diables, de démons ou de vampires ?
7 Ce sont des monstres humains, mais il y a aussi les monstres animaux.
8 Connais-tu des noms d'ogres, de diables, de géants ou de vampires ?
Ce sont des monstres humains, mais il y a aussi les monstres animaux.

Chez les géants, il y a par exemple les Cyclopes qui n'ont qu'un œil.
9 Les ogres mangeaient les enfants, il paraît qu'il en existe encore !
10 Chez les géants, il y a par exemple les Cyclopes qui n'ont qu'un œil.
Les ogres mangeaient les enfants, on dit qu'il en existe encore !

Il y a des centaines de diables : Satan, Moloch, Lilith, Baal, Amon...
11 Mais je me demande si tu ne l'es pas un peu, diable, toi aussi !
12 Il y a des milliers de diables : Satan, Moloch, Lilith, Baal, Amon...
Mais je me demande si tu ne l'es pas un peu, diable, toi aussi !

Dans les livres de lecture, il y a toujours au moins une faute.
13 On l'appelle « Coquille », c'est une erreur ou une faute d'orthographe.
14 Dans les livres de lecture, il y a toujours au moins un diable.
On l'appelle « Coquille », c'est une erreur ou une faute d'orthographe.

Et toi, tu es parti à la chasse de ces diables de « coquilles » !
15 Tu les as toutes trouvées, ces vilaines sorcières ? Alors, bravo !
16 Et toi, tu es parti à la chasse de ces diables de « coquilles » !
Tu les as toutes trouvées, ces coquines sorcières ? Alors, bravo !

10 **Reprends les phrases et souligne, le plus vite possible, les mots qui ont changé, comme dans l'exemple.**

11 **Relis ces phrases le plus vite possible. Tu lis seulement les deux premières phrases de chaque paragraphe sans faire attention à celles qui sont répétées.**

COMPRÉHENSION VITESSE

Mot - Phrase - Définition

♦ **12** **Chaque mot de la liste « a » est utilisé dans une phrase de la liste « b ». Retrouve le plus vite possible la phrase dans laquelle il se trouve et note son numéro après la phrase.**
Le premier est donné en exemple.

liste a : **Un mot**

1 Une embarcation. **2** Un recoin. **3** Un emballage. **4** Un outillage. **5** Un témoin.

liste b : **Une phrase**

A Dans un recoin de la barque, il y avait une fente que personne n'avait vue. [2]

B Il a mis toutes ses affaires dans un emballage en plastique pour les protéger de l'eau. ☐

C Ils ont été témoins de l'accident de la barque au milieu de la rivière. ☐

D Ils ont traversé la rivière à bord d'une embarcation en mauvais état. ☐

E Avec un bon outillage, ils auraient pu réparer la barque qui prenait l'eau. ☐

♦ 13 Même consigne que précédemment.

liste a : **Un mot**

6 Un monstre. **7** Une montre. **8** Montrer. **9** Un poisson. **10** Un poison.

liste b : **Une phrase**

F Hugh Gray a été le premier à montrer une photo de Nessie[1]. ☐

G Nessie ne se nourrit, paraît-il, que de très bons poissons. ☐

H Le gros rat avala un poison qui le tua sur le coup. ☐

I Le monstre du Loch Ness s'appelle Nessie. Il a une petite tête plantée sur un corps énorme d'environ 14 m ! ☐

J Hugh Gray regardait sur sa montre l'heure à laquelle Nessie sortait de l'eau pour le photographier. ☐

♥ 14 Note maintenant à côté de chaque définition de la liste « c » le numéro du mot (listes a des exercices 12 et 13) auquel elle correspond. Le premier est donné en exemple.

liste c : **Une définition**

A Quelqu'un qui a vu, perçu ou entendu quelque chose. [5]

B Un ensemble d'outils nécessaires pour travailler. ☐

C Objet qu'on porte sur soi et qui indique l'heure. ☐

D Un bateau de petite taille. ☐

E Un être, un animal fantastique et terrible. ☐

F Un endroit, un lieu, caché, retiré. ☐

G Tout ce qui sert à protéger les objets. ☐

H Un produit dangereux, capable de rendre malade et même de tuer. ☐

I L'action de faire voir, de mettre devant les yeux. ☐

J Un animal qui a des nageoires et qui vit dans l'eau. ☐

1. Si tu désires savoir qui est Nessie et connaître son histoire, reporte-toi en pages 15, 16, 17.

Le mot mystère

COMPRÉHENSION

RECHERCHE

♥ **15** **Trois définitions vont te permettre de trouver ce que désigne le mot mystère. Coche la bonne réponse.**

1 LE NAFOUBOGNON
Le « nafoubognon » est plus grand qu'une maison.
Le « nafoubognon » est lourd comme un éléphant.
Le « nafoubognon » n'a qu'un seul œil placé au milieu du front.

Le « nafoubognon » est
- une grue. ○
- une fusée. ○
- un cyclope. ○

2 LE VIANOPÉRÈQUE
Un « vianopérèque » est en bois.
On trouve des « vianopérèques » dans les salons.
Un « vianopérèque » est un instrument de musique.

Le « vianopérèque » est
- un saxophone. ○
- un piano. ○
- un buffet. ○

3 LA CHIRIKOTÈQUE
On trouve des « chirikotèques » dans presque tous les livres.
On fait souvent des « chirikotèques » par étourderie.
La « chirikotèque » s'appelle aussi « coquille ».

La « chirikotèque » est
- une histoire. ○
- une bêtise. ○
- une faute d'orthographe. ○

4 LE MARCOCANTHROPE
Le « marcocanthrope » est une bête à cornes.
On trouve des « marcocanthropes » dans les prés.
Le « marcocanthrope » est souvent très féroce.

Le « marcocanthrope » est
- un taureau. ○
- un chien. ○
- un escargot. ○

5 LE MITÉRONDOLO

Les « mitérondolos » sont remplis d'eau.
On peut nager dans les « mitérondolos ».
Dans les « mitérondolos », on trouve parfois des monstres.

Le « mitérondolo » est
- une bouteille. ○
- une piscine. ○
- un lac. ○

♣16 Si tu ne sais pas ce que sont le « nafoubognon » ou la « chirikotèque » relis « La chasse aux coquilles », page 11. Tu trouveras un indice qui te mettra sur la piste ! Bonne chasse...

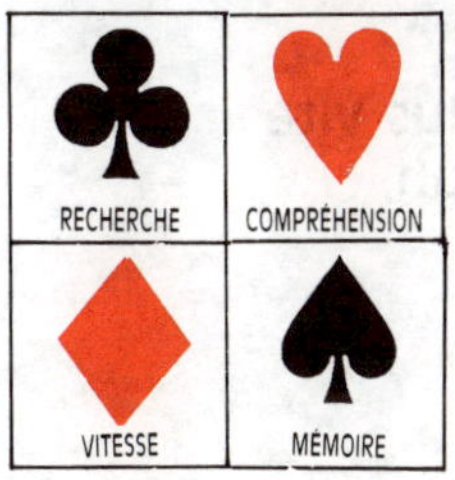

Le monstre du Loch Ness

♦17 Lis le texte le plus vite possible sans tenir compte des mots en marge.

	En 565, saint Colomba, voyageant dans le nord de l'Écosse	
dans	arriva <u>au bord</u> d'un lac, le Loch Ness. Peu doué pour la	près
	natation, il demanda à l'un de ses amis de traverser les	
sombres	eaux <u>noirâtres</u> pour lui ramener une embarcation. C'est	claires
	alors qu'un monstre gigantesque sortit brusquement.	
pas du tout	L'homme, <u>nullement</u> effrayé, se contenta de lever la main	très
	et lui ordonna de s'en aller. La créature stupéfaite par tant	
de haine	<u>d'audace</u> disparut aussitôt. Le monstre du Loch Ness avait	de courage
	fait sa première apparition...	
étrange	Depuis, dans cette région <u>mystérieuse</u> et sauvage, ce	lointaine
	monstre s'est souvent « montré », notamment à partir de	
détruite	1933 lorsqu'une route fut <u>construite</u> le long du lac pour	tracée
l'endroit	permettre aux touristes de visiter <u>les lieux</u>. C'est à cette	la ville
	époque que « Nessie » reçut son surnom et, dès que	
sa bonté	<u>son existence</u> fut révélée, des savants lui donnèrent un	sa présence
	nom scientifique : *Nessiteras Rhombopteryx*.	
	La plupart des témoins qui prétendent avoir « vu » l'animal	
s'attachent	<u>s'accordent</u> pour le décrire ainsi : une petite tête au	sont d'accord
	sommet d'un long cou, un énorme corps de 14 mètres de	
à peu près	long <u>environ</u> et quatre minuscules pattes palmées. Il	exactement

	ressemblerait donc à un plésiosaure, reptile marin disparu	
de la terre	du globe depuis des millions d'années !	de la mer
explications	Les interprétations les plus folles sont données pour	expositions
	expliquer le monstre du Loch Ness : une famille de loutres	
sur le dos	nageant à la queue leu leu, une baleine, un crocodile, une	à la suite
	limace, une anguille géante ou un tronc d'arbre !	
retrouver	Il faut reconnaître que les rares photos dont on dispose	avouer
	sont trop floues pour être honnêtes ! Rêve ou réalité ? Le	
	Loch Ness garde encore tout son mystère et Nessie n'a	
d'épater	pas fini d'étonner les amateurs...	d'exploser

D'après Brigitte Arnaud et Philippe Ross, *Nous les monstres*, Hachette, 1987.

♥ 18

En voyant le monstre du Loch Ness, j'ai pris peur et j'ai tout mélangé ! Il faut que tu m'aides à retrouver le mot juste.
Un seul des deux mots placés en marge de chaque côté du texte a un sens proche de celui qui est souligné.
Entoure-le vite au crayon.

♦ 19

Dans le texte « Le monstre du Loch Ness », page 15, cherche le plus vite possible combien de fois apparaissent les mots suivants (attention, n'oublie pas le titre !) :

1 monstre ____________fois.

2 lac ____________fois.

3 Loch Ness ____________fois.

♣ 20

À quelles lignes du texte « Le monstre du Loch Ness » se trouvent les mots suivants ?

1 natation : ligne n° __.

2 reptile : ligne n° __.

3 main : ligne n° __.

4 anguille : ligne n° __.

♠ 21

Tu relis attentivement « Le monstre du Loch Ness », pages 15 et 16. Puis, sans revenir au texte, tu complètes les phrases 1, 2 et 3.

1 C'est alors qu'un____________gigantesque sortit brusquement.

2 Le monstre du Loch Ness avait fait sa première____________.

3 Une famille de____________nageant à la queue leu leu.

COMPRÉHENSION

À la recherche du monstre

22 **Quand j'ai voulu raconter l'histoire du monstre du Loch Ness, je ne me souvenais plus de rien et je me suis mis à balbutier. Je ne savais plus quel était le mot juste !**
Alors, j'ai laissé un blanc dans le texte et deux mots en marge. Je me suis dit que tu serais suffisamment malin (ou maligne !) pour retrouver lequel des deux est le bon !
Souligne au crayon le mot qui convient.

affirment	Alors que depuis 1933, près de 4 000 témoins ------ avoir	affichent
	vu Nessie, des équipes de savants et de journalistes ont	
originalité	------ des expéditions scientifiques pour essayer de voir,	organisé
crevette	photographier ou même filmer la ------.	créature
	Le 1er avril 1934 (non, ce n'est pas un poisson !), Robert	
rendre	Kenneth Wilson réussit à ------ la plus célèbre photo de	prendre
sortir	Nessie où l'on voit un cou et une tête ------ de l'eau.	sourire
	De juin à août 1969, deux sous-marins de poche	
plongées	effectuent une cinquantaine de ------ dans les eaux	poignées
	troubles du lac. De 1970 à 1975, un groupe d'Américains	
éditions	explore le Loch Ness à bord de deux ----- équipés de six	bateaux
	caméras. Des photos étonnantes sont prises : en août	
nageoire	1972, une ------ gigantesque longue de 1,20 m et une	nageuse
ressemblant	queue de 2,40 m ; en juin 1975, une forme -------- à une	revenant
	tête monstrueuse.	
	Tout récemment, une nouvelle expédition, dotée d'un	
explose	outillage ultra perfectionné ------ à nouveau le lac. La	explore
	chasse au monstre continue ! Sait-on jamais ?...	

D'après Brigitte Arnaud et Philippe Ross, *Nous les monstres*, Hachette, 1987.

2

♦ VITESSE ♣ RECHERCHE ♥ COMPRÉHENSION

La cueillette des « jumeaux »

♦ **1** **On a jeté une poignée de NOISETTE(s) dans les listes « a » à « e », cours vite les ramasser et compte-les. Il y a également des VIOLETTE(s), cueille-les le plus vite possible et compte combien tu en as dans ton bouquet.**

Il y a ______ NOISETTE(s) dans la liste. Il y a ______ VIOLETTE(s) dans la liste.

	a	b	c	d	e
1	ALPHABET	BAIGNADE	CAMPAGNE	DRESSAGE	ENFANTIN
2	VIOLETTE	GLISSADE	HEUREUSE	NOISETTE	JUMELLES
3	LENTILLE	MÉDICALE	NOISETTE	OCCASION	PYRAMIDE
4	QUARANTE	RAMONEUR	SOUCOUPE	TRIANGLE	VIOLETTE
5	NOISETTE	VIOLETTE	ANCIENNE	BATAILLE	CAPITALE
6	DÉCOUPER	ÉLIMINER	FAMILIAL	TONNERRE	HISTOIRE
7	VIOLETTE	JAUNISSE	LOCATION	MINISTRE	NATIONAL
8	OUISTITI	PERRUCHE	QUESTION	RECOPIER	NOISETTE
9	SANGLIER	SCARABÉE	SCORPION	VIOLETTE	VIOLETTE

♣ **2** **Note précisément où se trouvent les NOISETTE(s). Par exemple, dans la première colonne, la première est en a-5. Recommence avec les VIOLETTE(s).**

Les NOISETTE(s) se trouvent en : ______________________________

Les VIOLETTE(s) se trouvent en : ______________________________

♥ **3** **Cinq animaux se sont cachés dans la liste, peux-tu les retrouver ? Comme tu as fait pour les NOISETTE(s) et les VIOLETTE(s), note précisément où ils se trouvent.**

Les cinq animaux sont :

______. ______. ______. ______. ______.

Ils se trouvent en :

______. ______. ______. ______. ______.

♦ **4** **De la même manière que tu as ramassé les NOISETTE(s) et les VIOLETTE(s), maintenant tu vas à la pêche aux ANGUILLE(s). Compte-les le plus vite possible, dans les listes qui vont de « f » à « j ».**
Recommence avec les mots ANOMALIE et AMOUREUX.

Il y a ______ ANGUILLE(s), ______ ANOMALIE(s) et ______ AMOUREUX dans la liste.

	f	g	h	i	j
1	ABAISSER	ANGUILLE	ARMATEUR	ABSENTER	ABSORBER
2	AMOUREUX	AMOUREUX	ACCIDENT	ACCOURIR	ANOMALIE
3	ANGUILLE	ANGLAISE	AJUSTEUR	ANGUILLE	ACTUELLE
4	ADDITION	ADJECTIF	ADOPTION	ADORABLE	ANGUILLE
5	AÉRIENNE	AFFAIBLI	AÉRATEUR	AFFICHER	AFFREUSE
6	AFRICAIN	AGAÇANTE	AGGRAVER	AGRANDIR	AGRÉABLE
7	AVIATEUR	AIGUILLE	AILETTE	ALLONGER	ALLUMAGE
8	ALOURDIR	ALPHABET	ALTITUDE	AMBIANCE	AMOUREUX
9	AMUSANTE	ANGUILLE	ANNUAIRE	ANOMALIE	ASSUREUR

♣ **5** **Comme tu as fait pour les NOISETTE(s) et les VIOLETTE(s), note précisément où se trouvent les ANGUILLE(s), les ANOMALIE(s) et les AMOUREUX.**

Les ANGUILLE(s) se trouvent en : ______________________

Les ANOMALIE(s) se trouvent en : ______________________

Les AMOUREUX se trouvent en : ______________________

♦ **6** **Retrouve le plus vite possible les cinq mots qui se terminent par « EUR » :**

Les cinq mots qui se terminent par « EUR » sont :

_______, _______, _______, _______, _______.

♥ **7** **Dans la liste des mots terminés en « EUR », retrouve quatre noms de métiers. Attention, il y a un intrus.**

Les quatre métiers sont : _______, _______, _______, _______,

L'intrus est : _______,

♣ **8** **Tu ne sais pas qui est l'intrus ? Alors, recherche dans le dictionnaire la définition des cinq mots qui se terminent par « EUR ».**

♣ RECHERCHE ♥ COMPRÉHENSION

Les petites annonces

9 **M. Brû n'a pas l'habitude de lire les petites annonces. Aide-le en retrouvant celle qui correspond à chaque phrase. Note le numéro exact sous chaque phrase.**

T.V.

1 • Vds ANTENNE TELE, 300 F. Tél. 80.70.12.60

2 • Vds TELEVISEUR coul. 56 cm, nve, lot gagné tombola. Tél. 86.47.75.17 ap. 18 h.

3 • Vds T.V. coul., 3 000 F, val. 6 000 F + magnétoscope, 3 000 F, val. 6 000 F. Tél. 86.45.74.44

LIVRES/DISQUES

4 • Vds LIVRES scol., classe BEP comptab., 6 livres + 2 livres exerc., px 400 F, fact. Tél. 80.91.01.00.

5 • Vds LIVRES 2nde agricole, b. état. Tél. 86.40.24.96

BUREAU

6 • Vds MACHINE A ECRIRE mécanique Erika 173, tr. b. état. px 800 F. Tél. 80.47.13.40

7 • Vds POSTES téléphones, ext. int., + 2 intercom. dép. 101, 4 lignes int., an b. état. Tél. 80.40.12.17

ELECTRO-MENAGER

8 • Vds CUISINIERE mixte, 6 feux, four électr., 1 500 F, 1 auvent + 2 rétrov. carav. 1 300 F. Tél. 86.44.17.51

9 • Vds FRIGIDAIRE 200 l Kaltomatic 500 F. Tél. 86.52.42.98 ap. 19 H

10 • Vds CUISINIERE 4 feux et four gaz compr. loge-bouteille, 300 F, réfrigérateur, 200 l, 200 F. Tél. 80.91.46.70 HR

a) Je vends une MACHINE À ÉCRIRE mécanique de la marque ERIKA 173, elle est en très bon état, son prix est de 800 francs. Pour me contacter, téléphoner au 80.47.13.40.

Petite annonce numéro : ☐

b) Je vends une BAIGNOIRE en émail blanc, avec toute la robinetterie, pour 300 francs. Pour me contacter, téléphoner au 80.47.55.10 après 19 heures.

Petite annonce numéro : ☐

c) Je vends une TONDEUSE à gazon auto-tractée. Elle a une longueur de coupe de 52 cm, sa lame est neuve, elle est en état de marche, son prix est de 600 francs. Pour me contacter, téléphoner au 80.63.35.10 aux Heures des Repas.

Petite annonce numéro : ☐

d) Je vends du BOIS DE CHAUFFAGE, c'est du chêne, je peux le livrer chez vous et son prix est intéressant. Me contacter, au 80.07.61.50.

Petite annonce numéro : ☐

e) Je vends une CUISINIÈRE qui a quatre feux et un four à gaz, ainsi qu'un compartiment pour loger la bouteille de gaz, son prix est de 300 francs. Je vends également un réfrigérateur de 200 litres pour 200 francs. Pour me contacter, téléphoner au 80.91.46.70 aux Heures des Repas.

Petite annonce numéro : ☐

SANITAIRE

11 • Vds BAIGNOIRE émail blanc, av. tte la robinett., px 300 F. Tél. 80.47.55.10 ap. 19 H.

12 • Vds LAVABO dble vasques, à encast., cl. sable, état nf, 800 F. Tél. 86.47.83.12

13 • Urgt. vds ADOUCISSEUR d'eau, Culligan, nf, jamais servi, ss emballage, 1 an 1/2 Tél.86.35.31.75.

14 • Vds EVIER blc. 2 bacs. 1 égouttoir nf. cse err., commande. Tél. HR 86.91.04.73. 1 000 F.

JARDIN

15 • Vds TONDEUSE à gazon, auto-tractée, long. coupe 52 cm. lame nve, état de marche, px 600 F. Tél. 80.63.35.10 HR

16 • Vds TONDEUSE Toro, servi 1 fois, pr 2 000 F, auto-tractée. Tél. 86.63.19.80

BOIS DE CHAUFFAGE

17 • Vds BOIS DE CHAUFFAGE chêne, livr. px intér. Tél. 80.07.61.50.

18 • Vds BOIS DE CHAUFFAGE chêne, à Diges, 110 F le stère, poss. livr. courte distance. Tél. 86.46.86.85

MATERIAUX

19 • Vds LINO 28 m², imitation parquet, belle qualité, jamais posé, ds son emballage, 1 200 F. Tél. 86.47.12.43

20 • Vds 2000 ARDOISES 30 × 46 cm occas. b. état. Tél. 80.32.51.60

VITESSE COMPRÉHENSION

Le code secret du Petit Nicolas

10 **En écoutant l'histoire du Petit Nicolas, j'ai noté des mots dans la marge, mais je ne sais plus lesquels ont presque le même sens que ceux qui sont soulignés.**
Retrouve-les vite et entoure-les au crayon... avant que sa maîtresse ne nous gronde !

promenés	On s'est mis en rang et Geoffroy nous a dit :	rangés
	– En classe, je vais vous faire un message, et à la	
	prochaine récré, on verra ceux qui ont compris. Je vous	
savoir	préviens : pour faire partie de la bande, il faudra connaître	trouver
	le code secret !	
	En classe la maîtresse nous a dit de sortir nos cahiers et	
	de recopier les problèmes qu'elle allait écrire au tableau,	
	pour que nous les fassions à la maison. Pendant que la	
le maître	maîtresse écrivait sur le tableau, on s'est tous tournés vers	l'institutrice
	Geoffroy, et on a attendu qu'il commence le message.	
gesticuler	Alors Geoffroy s'est mis à faire des gestes ; je dois dire	réciter
	que ce n'était pas facile de le comprendre, parce qu'il allait	
	vite, et puis il s'arrêtait pour écrire dans son cahier, et puis	
	comme on le regardait, il se mettait à faire des gestes, et	
amusant	il était rigolo, là, à se mettre les doigts dans les oreilles et	agaçant
	à se donner des tapes sur la tête.	
	Il était drôlement long, le message de Geoffroy, et c'était	
	embêtant, parce qu'on ne pouvait pas recopier les	
marquer	problèmes, nous. C'est vrai, on avait peur de rater des	manquer
	lettres du message et de ne plus rien comprendre ; alors	
	on était obligés de regarder tout le temps Geoffroy, qui	
	était assis derrière, au fond de la classe.	
Mais	Et puis Geoffroy a fait « i » en se grattant la tête, « t » en	Ensuite
	tirant la langue, il a ouvert de grands yeux, il s'est arrêté,	
constaté	on s'est tous retournés et on a vu que la maîtresse	souvenu
	n'écrivait plus, elle le regardait.	
	– Oui, Geoffroy, a dit la maîtresse. Je suis comme vos	
singeries	camarades : je vous regarde faire vos pitreries. Mais, ça a	bavardages
poteau	assez duré, n'est-ce pas ? Alors, vous allez au piquet, vous	coin
	serez privé de récréation, et pour demain, vous écrirez	
	cent fois « Je ne dois pas faire le clown en classe et	
distraire	dissiper mes camarades, en les empêchant de travailler. »	disposer
	Nous, on n'avait rien compris au message. Alors, à la sortie	
	de l'école, on a attendu Geoffroy. Quand il est arrivé, on a	
très	vu qu'il était drôlement fâché.	amusement

– Qu'est-ce que tu nous disais en classe ?
– Laissez-moi tranquille ! a crié Geoffroy. Et puis le code
Là-bas secret, c'est fini ! D'ailleurs, je ne vous parle plus, alors ! En plus
Le lendemain, Geoffroy nous a expliqué son message.
Il nous avait dit : « Ne me regardez pas comme ça ; vous
porter allez me faire prendre par la maîtresse. » punir

D'après Sempé/Goscinny, *Le Petit Nicolas et les copains*, Denoël, 1963.

MÉMOIRE VITESSE

Le Petit Nicolas mélange ses mots

11

Le Petit Nicolas est bien fatigué ce soir, en nous racontant sa journée de classe, il a mélangé tous les mots de chaque phrase. À toi de remettre un peu de logique dans tout ça !
Lis les phrases le plus vite possible en les remettant dans l'ordre. Au besoin, lis à haute voix.

1 Geoffroy nous a dit : « un message, je vais vous faire En classe, avec un code secret. »

2 Il a ajouté : « le code secret Il faudra connaître pour faire partie de la bande. »

3 Il était à se mettre rigolo les doigts dans les oreilles et à se donner des tapes sur la tête.

4 La maîtresse l'a puni, puis le regardait. Il nous dissipait, car il est allé au coin.

5 il était Après, fâché, « Laissez-moi ! a crié Geoffroy, tranquille. Et puis le code secret, c'est fini ! Je ne vous d'ailleurs, parle plus. »

12

Le pauvre Nicolas, plus il parlait, plus il mélangeait ses mots !
Cette fois-ci, il va te falloir faire doublement attention.
Essaye d'aller le plus vite possible et de retrouver le bon ordre.

1 qu'elle allait au tableau écrire les problèmes La maîtresse nous a dit de recopier.

2 Il était le message de Geoffroy long, drôlement. tout On ne comprenait pas.

3 Geoffroy, Elle regardait. On s'est tous retournés et on a vu au tableau qui n'écrivait plus la maîtresse.

4 « vos pitreries, Je vous regarde faire, mais comme ça ça a assez duré », la maîtresse à Geoffroy, a dit.

5 son message Le lendemain, Geoffroy expliqué nous a. Il nous avait dit : « pas comme ça, Ne me regardez, punir, me faire vous allez. »

D'après Sempé/Goscinny, *Le Petit Nicolas et les copains*, Denoël, 1963.

RECHERCHE MÉMOIRE

Le ▲ secret

♣ **13** **L'autre jour, Geoffroy m'a donné une feuille en me disant : « Tiens, voilà la clef du ▲ ! » J'ai dit : « Quoi ? » Il m'a répondu : « Ben oui, la clef du "code", quoi ! ▲ , ça veut dire "code", dans mon code secret. »**
Essaye à ton tour de déchiffrer ce texte, ça n'est pas difficile, il suffit de chercher la clef du ▲ (pardon, du « code » !) dans la liste, en dessous du texte.

Vous avez remarqué que quand on veut ✱ avec les copains ʍ̂ʍ , c'est difficile ▿ on est tout le temps dérangé ? Bien sûr, vous pouvez ✱ avec le copain qui est assis à côté de vous ; mais même si vous essayez de ✱ tout bas, la □ vous entend ▿ elle vous dit : « Puisque vous avez tellement ʍʍ de ✱, venez au tableau, nous verrons si vous êtes ∅ aussi bavard ! »
On peut aussi envoyer des bouts de papier où on écrit ce qu'on a ʍʍ de dire ; mais là aussi, presque ∅, la □ voit passer le papier ▿ il faut le lui apporter sur son bureau, ▿ puis après le porter chez le directeur.
C'est pour ça qu'à la ⊗ récré, ce matin, on a trouvé terrible l'idée de ⊡.
– J'ai inventé un ▲ formidable, il nous a dit ⊡. C'est un ▲ secret que nous serons seuls à comprendre, ceux de la bande.
▿ il nous a montré ; pour chaque ■ on fait un ●. Par exemple : le doigt sur le ○, c'est la ■ « a », le doigt sur l'œil gauche c'est la ■ « b », le doigt sur l'œil droit, c'est la ■ « c ». Il y a des ● différents pour toutes les ■ : on se gratte l'oreille, on se frotte le menton, on se donne des tapes sur la tête, comme ça jusqu'à « z », où on louche. Terrible ! Plus besoin de ✱ !
Alors on lui a demandé de nous l'apprendre son ▲ . On s'est tous mis autour de ⊡ ▿ il nous a dit de faire comme lui ; il a touché son ○ avec son doigt ▿ nous avons tous touché nos ○ avec nos doigts ; il s'est mis un doigt sur l'œil ▿ nous avons tous refait le même ●.
– Bon, a dit ⊡, vous vous en souviendrez du ▲ ?

D'après Sempé/Goscinny, *Le Petit Nicolas et les copains*, Denoël, 1963.

ʍʍ	: envie	ʍ̂ʍ	: en classe
●	geste(s)	⊡	: Geoffroy
□	: maîtresse	✱	: parler
⊗	: première	○	: nez
▲	: code	■	: lettre(s)
∅	: toujours	▿	: et

♠ **14** **Maintenant que tu connais bien le ▲ de ⊡, tu vas relire le texte sans t'aider de la liste.**

♣ RECHERCHE | ♠ MÉMOIRE

Le ▲ secret

♣ **15** **Tu sais comment fonctionne le ▲ de ⊡, tu vas donc pouvoir déchiffrer ce nouveau message.**
Comme dans l'exercice précédent, les signes secrets sont dans la liste, en dessous...

→ avez remarqué que quand π veut ✸ avec les copains ʍ͡ʍ, c'est difficile ▽ π est tout le temps dérangé ? Bien sûr, → pouvez ✸ avec le copain qui est assis à côté δ → ; mais même si → essayez δ ✸ tout bas, λ □ → entend ▽ elle → dit : « Puisque → avez tellement ʍʍ δ ✸, venez au tableau, ↓ verrons si → êtes ∅ aussi bavard ! » π peut aussi envoyer des bouts δ papier où π écrit ce qu'π a ʍʍ δ dire ; mais là aussi, presque ∅, λ □ voit passer le papier ▽ ↑ faut le lui apporter sur son bureau, ▽ puis après le porter chez le directeur.
C'est pour ça qu'à λ ⊗ récré, ce matin, π a trouvé terrible l'idée δ ⊡.
– J'ai inventé un ▲ formidable, ↑ ↓ a dit ⊡. C'est un ▲ secret que ↓ serons seuls à comprendre, ceux δ λ bande.
▽ ↑ ↓ a montré ; pour chaque ■ π fait un ●. Par exemple : le θ sur le ○, c'est λ ■ « a », le θ sur l'⊙ gauche c'est λ ■ « b », le θ sur l'⊙ droit, c'est λ ■ « c ». Il y a des ● différents pour toutes les ■ : π se gratte l'oreille, π se frotte le menton, π se donne des tapes sur λ tête, comme ça jusqu'à « z », où π louche. Terrible ! Plus besoin δ ✸ !
Alors π lui a demandé δ ↓ l'apprendre son ▲. π s'est tous mis autour δ ⊡ ▽ ↑ ↓ a dit δ faire comme lui ; ↑ a touché son ○ avec son θ ▽ ↓ avons tous touché nos ○ avec nos θ ; ↑ s'est mis un θ sur l'⊙ ▽ ↓ avons tous refait le même ●
– Bon, a dit ⊡, → → en souviendrez du ▲ ?

D'après Goscinny, *Le Petit Nicolas et les copains*, Denoël, 1963.

ʍʍ	: envie	ʍ͡ʍ	: en classe
●	geste(s)	⊡	: Geoffroy
□	: maîtresse	✸	: parler
⊗	: première	○	: nez
▲	: code	■	: lettre(s)
∅	: toujours	▽	: et
θ	: doigt(s)	⊙	: œil
↑	: il	π	: on
↓	: nous	→	: vous
δ	: de	λ	: la

♠ **16** **Ça y est, tu connais parfaitement le ▲ δ ⊡ ? Bien, alors tu vas relire le texte sans t'aider δ λ liste des signes secrets.**
Puisque tu as bien compris le système, pourquoi ne ferais-tu pas un ▲ toi aussi ?

COMPRÉHENSION

Le « gras » et son double !

17 **Cherche le mot qui a le sens le plus proche de celui qui est en gras. Souligne-le. La première colonne est donnée en exemple.**

a	b	c	d	e
1 **secret**	1 allié	1 pied	1 s'évader	1 danse
2 amende	2 **chagrin**	2 bricole	2 inactif	2 médiocre
3 grincer	3 joyeux	3 **changer**	3 ficelle	3 plante
4 jouer	4 fiche	4 cahier	4 **fuir**	4 crayon
5 classeur	5 foin	5 herbe	5 palme	5 **mauvais**
6 caché	6 nouveau	6 ancien	6 panneau	6 ouate
7 relief	7 tristesse	7 rester	7 collège	7 classe
8 chiffon	8 stylo	8 varier	8 rigoler	8 réunion

f	g	h	i	j
1 bœuf	1 pompe	1 vin	1 **château**	1 porc
2 route	2 prendre	2 utile	2 maison	2 **cochon**
3 neuf	3 rendre	3 urgent	3 tulipe	3 truite
4 bouleau	4 rompre	4 cuisine	4 lutter	4 frotter
5 tiercé	5 foudre	5 vain	5 pistil	5 faible
6 **nouveau**	6 tendre	6 style	6 palais	6 broc
7 nièce	7 **oncle**	7 public	7 port	7 flot
8 tondre	8 tonton	8 **pressant**	8 porc	8 fixer

3

COMPRÉHENSION	VITESSE

Des mots perdus dans les colonnes...

◆ **1** **Dans les colonnes qui vont de a à j, cherche le plus vite possible le mot AMI. Compte combien de fois il apparaît et note-le ci-dessous. Recommence avec les mots PIPE — FOURMI — VIPÈRE — GARAGE. Note en dessous de chaque mot le nombre de fois où il apparaît.**

AMI — PIPE — FOURMI — VIPÈRE — GARAGE.

___, ___, ______, ______, ______ fois.

	a	b	c	d	e
1	MUR	AMI	PIPE	PILE	NATTE
2	AIL	PUR	RIRE	SEPT	MATER
3	PIE	AIR	RIVE	RÊVE	MELON
4	AMI	TIR	QUOI	RIRE	MERCI
5	ARC	VIS	PONT	ROBE	NAPPE
6	ART	AIR	ROND	FOIN	VIEUX
7	PIN	BAC	PIPE	JOUR	DATTE
8	BAL	LIT	MAIN	JAVA	NATTE
9	AIR	BAS	MARI	VASE	PATTE
10	BUS	SUR	RIRE	TROP	TRAIN

	f	g	h	i	j
1	LATTE	SOURD	VIPÈRE	VOYAGE	GARAGE
2	BOTTE	NOYER	GARÇON	MANÈGE	PANTIN
3	NATAL	DATTE	GLAÇON	SCOTCH	SERRER
4	NAVET	NATTE	SIÈCLE	SULTAN	URGENT
5	NICHE	VANNE	TORTUE	TUNNEL	VIPÈRE
6	NOBLE	SOUPE	GARAGE	USAGER	VAPEUR
7	PESTE	VIEUX	PRESSE	RENARD	RÉSUMÉ
8	POIRE	VOICI	FILMER	FOURMI	GLISSE
9	SABLE	TOUTE	GOUJON	HUMIDE	GRATIN
10	POINT	VOTRE	LIÈVRE	LARDON	MANOIR

◆ **2** **De la même manière, dans les colonnes qui vont de k à o, retrouve, puis compte les mots LOSANGE et TABLEAU.**

LOSANGE : ______ fois,

TABLEAU : ______ fois.

	k	l	m	n	o
1	ASPERGE	POIVRON	POIREAU	BOULEAU	LAURIER
2	BÉCASSE	LAVANDE	CHAMEAU	POMMIER	PIVOINE
3	CHIENNE	CANARIS	CAROTTE	TABLEAU	TABLEAU
4	LOSANGE	MERCIER	CIGOGNE	OURAGAN	PRUNIER
5	GUÉPARD	CORBEAU	PINCEAU	PLANCHE	LOSANGE
6	PERDRIX	ARBITRE	VAUTOUR	PIEUVRE	TABLEAU
7	TABLEAU	FAISANS	SOMMEIL	SOMMIER	TERRAIN
8	TAUREAU	TABLEAU	MÉSANGE	ÉPINGLE	BALEINE
9	LOSANGE	MOINEAU	SABLIER	LOSANGE	LOSANGE
10	MOUETTE	VITESSE	BELETTE	VOILIER	POIRIER

♥ **3** **Dans les colonnes qui vont de k à o :**

1 **Il y a dix oiseaux. Rattrape-les vite avant qu'ils ne s'envolent et note leurs noms sur la ligne qui suit :**

_________, _________, _________, _________, _________, _________,

_________, _________, _________, _________,

2 **Il y a également cinq animaux terrestres qui sont prêts à s'échapper. Note leurs noms sur la ligne qui suit :**

_________, _________, _________, _________, _________,

3 **Trois arbres fruitiers ont été plantés et on ne peut les déraciner. Alors, attention, il faut noter le mot qui est juste avant :**

_________, _________, _________,

4 **Deux animaux marins nagent tranquillement dans ces colonnes. Ne les dérange pas, note seulement le mot situé juste avant eux :**

_________, _________,

♥ COMPRÉHENSION De la tête aux pieds

4 **Voici une série d'expressions qui utilisent le même mot. L'une d'entre elles a été illustrée. Coche l'expression qui correspond au dessin.**

L'ŒIL

1 Un œil de verre.

2 Avoir le mauvais œil.

3 Un œil de bœuf.

4 Pousser à vue d'œil.

5 Tourner de l'œil.

LE PIED

1 Un pied de nez.

2 Se lever du pied gauche.

3 Mettre les pieds dans le plat.

4 Avoir le pied marin.

5 Avoir bon pied bon œil.

LA MAIN

1 Un sac à main.

2 Avoir la main leste.

3 Un coup de main.

4 Du tricot fait main.

5 Une poignée de main.

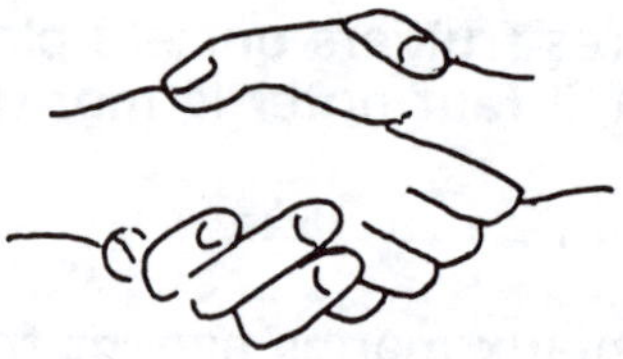

LA TÊTE

1 Gagner d'une tête.

2 Une mauvaise tête.

3 Un homme de tête.

4 Se casser la tête.

5 Tête-bêche.

LE VENTRE

1 À plat ventre.

2 Le ventre d'un bateau.

3 Courir ventre à terre.

4 Un mur qui fait ventre.

5 La reconnaissance du ventre.

Au pied des phrases

RECHERCHE

VITESSE

5 **Voici une série de phrases qui utilisent le même mot ou la même expression. L'une d'entre elles a été illustrée. Coche le plus rapidement possible celle qui correspond au dessin.**

L'ŒIL

- ☐ a. On ne savait comment le regarder à cause de son œil de verre.
- ☐ b. Avec la pluie qui tombait, le gazon poussait à vue d'œil.
- ☐ c. Elle le regarda droit dans les yeux et lui dit : « Toi, tu as fait une bêtise, ça saute aux yeux ! »
- ☐ d. Au milieu de la façade de la maison, il y avait un œil de bœuf tout rond, on aurait dit un cyclope.
- ☐ e. Ça n'est pas possible, avec tous ces ennuis, il a le « mauvais œil ».

LE PIED

- ☐ a. Quel gaffeur ! A chaque fois, il met les pieds dans le plat.
- ☐ b. Malgré ses 85 ans, ce bon vieux Pépé avait toujours bon pied bon œil.
- ☐ c. Il est malgracieux, il s'est levé du pied gauche ce matin !
- ☐ d. Il avait le pied marin et n'était jamais malade en bateau.
- ☐ e. Pour ne pas faire de jaloux, elle les mit tous sur un pied d'égalité.

LA MAIN

- ☐ a. Le voleur a été pris la main dans le sac.
- ☐ b. Il venait de dérober le sac à main d'une vieille dame.
- ☐ c. En se quittant, ils se donnèrent une franche poignée de main.
- ☐ d. C'est un tricot fait main, mieux que par n'importe quelle machine.
- ☐ e. Tu veux un coup de main pour finir ton exercice, lui demanda-t-il ?

LA TÊTE

☐ **a.** Il acheta deux timbres très rares qui étaient placés tête-bêche.

☐ **b.** Quelle mauvaise tête celui-là, toujours en train de ronchonner.

☐ **c.** Voilà un garçon sérieux, il a la tête sur les épaules !

☐ **d.** Pas la peine de te casser la tête à chercher les réponses, elles sont toutes à la fin du livre.

☐ **e.** Il s'en est fallu de peu, il a gagné la course d'une tête !

LE VENTRE

☐ **a.** Il pouvait rester des heures à lire allongé à plat ventre sur son lit.

☐ **b.** Ventre affamé n'a pas d'oreille.

☐ **c.** Il était tellement en retard qu'il se mit à courir ventre à terre.

☐ **d.** Le mur du jardin fait ventre, on a peur qu'il ne s'écroule.

☐ **e.** Le ventre du bateau regorgeait de trésors et de bois exotiques.

♣ **6** **Quelles expressions de l'exercice « De la tête aux pieds » (4, pp. 27-28) n'ont pas été utilisées dans les phrases ci-dessus (5, pp. 29-30) ? Note leur numéro.**

Par exemple, dans le groupe de « l'œil » (p.28), la cinquième expression « tourner de l'œil » n'a pas été reprise ici.Tu notes donc L'ŒIL : numéro **5**.

L'ŒIL : numéro **5**, LE PIED : numéro __, LA MAIN : numéro __,

LA TÊTE : numéro __, LE VENTRE : numéro __.

♥ COMPRÉHENSION

Monsieur Brû au jardin

7 **Monsieur Brû passe des journées entières dans les arbres... Il aime tellement son verger que, même lorsqu'il parle d'autre chose, il utilise un vocabulaire qui est en rapport avec ses arbres, ses fruits ou son jardin... Souligne les mots, les expressions... tout ce qui est en rapport avec les arbres, les fruits, le verger ou toutes les actions qu'on peut y faire.**

Dans la première phrase, par exemple, j'ai souligné les deux mots « tondre » et « broussaille ». Mais attention, il y en a d'autres...

1 Mon cher Arthur, je viens d'aller chez le coiffeur pour me faire tondre, il faut dire que mes cheveux en broussaille ressemblaient plus à une friche qu'à un beau gazon bien taillé. Il m'a ratissé le dessus de la tête en dessinant une raie aussi droite qu'une allée bien désherbée.

2 Salut, vieille branche ! J'ai passé toute la journée au jardin, j'ai le dos en compote, en plus de ça, j'ai eu un pépin avec mon motoculteur, le garagiste m'a pris pour une vraie poire, ce cornichon a travaillé comme un manche et mon motoculteur est toujours en panne. En plus, il n'a pas arrêté de critiquer mon potager, il ferait mieux de s'occuper de ses oignons, celui-là !

3 Hier, je devais aller voir le film de Michel Poirier, « Du rififi chez les Petits Pois », avec mon amie Marguerite. J'ai fait le poireau une demi-heure devant le cinéma à l'attendre, mais elle n'est pas venue ! Je suis arrivé en retard et le film ne valait rien, un vrai navet : les acteurs passaient leur temps à se battre, et marrons par-ci, et châtaignes par-là...

4 Cette fois, c'est la fin des haricots ! Ce matin, je suis tombé dans les pommes en taillant la haie et me voilà planté au lit pour deux jours. Il faut dire qu'il faisait tellement chaud que j'étais rouge comme une tomate, j'ai dû avoir une insolation. Quel manque de pot ! Le médecin ne m'a pas fait de fleur, je suis au régime. Je n'ai droit ni aux confitures, ni aux pâtes de fruits, mais rien qu'aux salades et aux légumes verts.

VITESSE COMPRÉHENSION

Une drôle de soirée

◆ **8 Lis le plus vite possible ces deux petites histoires. L'une des deux n'est pas vraisemblable. Entoure son numéro.**

1

Mercredi dernier, aux environs de vingt-deux heures trente, alors que je dégustais une tasse de café en regardant à la télévision mon feuilleton favori, on sonna à la porte.

Je reposai ma tasse, me levai et me dirigeai vers la porte. Quelle ne fut pas ma surprise quand je découvris que mon visiteur n'était autre que Monsieur Croquendur, le crocodile de la maison voisine avec qui j'étais fâché depuis plus d'un an ! Mais que me voulait-il donc, cet animal, à une heure si matinale ?

2

Je me réveille dans le noir. Il fait une chaleur étouffante. On se croirait en plein mois d'août. Nous sommes pourtant fin novembre. La pluie crépite sur le toit, le vent souffle dans les marronniers du jardin. J'allume la lumière : il est trois heures du matin et le thermomètre est aux environs de 27°. Une température tropicale en plein mois de novembre ! J'enfile mes pantoufles et je descends au salon. C'est alors que je m'aperçois que le thermostat de la chaudière s'est déréglé. Il suffisait de le ramener sur le bon numéro !

D'après Hubert Monteilhet, *Gus et le cambrioleur*, Nathan, 1985.

♥ **9** **Choisis le titre qui convient le mieux à chacune de ces deux histoires. Coche la bonne réponse.**

1
- a Une visite nocturne. ☐
- b Le cambrioleur du dimanche. ☐
- c Jour de fête. ☐

2
- a Quel froid, ce jour-là ! ☐
- b Les marronniers en fleurs. ☐
- c Une chaude nuit d'automne. ☐

Une page de publicité

♣ RECHERCHE

Pour leurs vacances, monsieur et madame Brû ont décidé d'aller dans le Morvan. Comment, tu ne sais pas où se trouve le Morvan ? Regarde vite sur une carte de France. Le Morvan est une région montagneuse située à cheval sur les départements suivants : Côte d'Or, Nièvre, Sâone-et-Loire et Yonne. Ça y est, tu as trouvé ? Bien, alors suivons M. et Mme Brû.
En arrivant à Avallon, ils trouvent un dépliant publicitaire ; nous l'avons reproduit ci-contre, pour que tu puisses les aider à répondre aux questions qu'ils se posent.

10 **Mets une croix dans la bonne case :**

	VRAI ou **FAUX.**	
1 Le pâtissier de Saulieu s'appelle Jean Mazurak.		
2 Le numéro de téléphone de l'Hôtel de la Poste à Saulieu est le 80.64.05.67.		
3 On peut demander à monsieur Houdaille de réparer le toit de l'école de Saint-Léger-Vauban.		
4 À Arcy-sur-Cure, on peut faire de l'équitation.		
5 Le restaurant de Jean Breton s'appelle « Le Morvan ».		

11 Coche les bonnes réponses.

1 Les grottes d'Arcy-sur-Cure se trouvent à 12 km ☐ / 15 km ☐ / 25 km ☐ de Vézelay.

2 Une publicité est répétée deux fois. C'est celle de :
a) L'Hôtel de la Poste. ☐
b) Le restaurant « Au bon Accueil ». ☐
c) Bym Moquette. ☐

3 On peut faire réparer sa voiture chez :
a) J.-M. Beniamin. ☐
b) Michel Piot. ☐
c) J. Jullien. ☐

12 Dans toute la page de publicité, compte combien de fois apparaissent les noms propres :

a) Morvan ________ fois.

b) Vauban[1] ________ fois.

1. Vauban est né dans le Morvan, à Saint-Léger-Vauban (Yonne) en 1633. Il était maréchal de France. On lui doit, entre autres, de nombreuses fortifications de villes, c'est-à-dire des villes entourées de remparts. Il est mort à Paris en 1707.

COMPRÉHENSION

Les Jeux olympiques des animaux

13 Le journaliste qui a écrit ce texte a été tellement surpris par la vitesse des animaux dont il parlait qu'il en a oublié la moitié des mots ! Retrouve les mots qui ont été remplacés par des étoiles. Attention, le nombre d'étoiles correspond au nombre de lettres.

Des animaux sportifs ?

Chacun s'émerveille des exploits sportifs ** l'homme. Mais qu'en est-il de nos compagnons les animaux ? Leurs performances ne sont-elles pas infiniment supérieures à celles ** l'homme ?

Le 200 mètres.

** guépard et l'antilope sont *** grands vainqueurs ** cette course. Ils approchent *** 100 km/h en ligne droite. Le peloton derrière eux est serré : ** lièvre atteint 74 km/h. ** est suivi ** près *** le kangourou rouge (72 km/h) et *** le cheval (70,8 km/h). Viennent ensuite le lévrier et *'autruche. Et, bon dernier... loin derrière, John Smith, recordman du monde **** les années 70, avec *** vitesse de 37 km/h.

Les puces, *** fourmis et *** sauterelles.

Si *** Jeux olympiques étaient étendus *** insectes, ce serait sans doute ** puce qui obtiendrait ** médaille *'or du saut ** longueur. Son bond serait l'équivalent d'** bond humain ** 540 mètres. Quant * la fourmi, elle serait championne *'haltérophilie avec un poids soulevé correspondant à 3,9 tonnes.
** sauterelle, elle, aurait ** médaille ** saut ** hauteur avec ** saut équivalent, pour la taille d'un homme, à 630 mètres !

Records **** le ciel !

Ici, *** de comparaison possible avec *'homme... Mouche et papillon volent à 8 km/h, *'abeille à 30 km/h ** la libellule à 60 km/h. Le faisan et ** perdrix se déplacent à 80 km/h. Enfin, ** record est détenu *** un canard et un faucon qui atteignent presque *** 100 km/h.

D'après *Club 77 Album Jeunesse*, Gallimard, 1976.

4

♣ RECHERCHE ♦ VITESSE

L'étoile de mer

♦ **1** **Après la tempête, une « étoile de mer » s'est échouée sur la plage. En la retournant, j'ai découvert qu'elle portait deux fois le mot « étoile » et trois fois le mot « mer ». Retrouve ces mots, le plus vite possible, et entoure-les. Attention, tu peux lire dans ce sens : → et dans ce sens : ↓.**

♦ **2** **Dans chaque ligne (page 37), cherche, le plus vite possible, le frère jumeau du premier mot écrit en gras.**
Souligne-le. S'il n'y a pas de jumeau, entoure le numéro de la ligne. Les deux premiers sont donnés en exemple.

♣ **3** **Dans la colonne e, il y a 26 mots comme il y a 26 lettres dans l'alphabet.**
Plusieurs erreurs se sont glissées dans l'ordre alphabétique.
Souligne les mots qui ne sont pas à leur place.

	a	b	c	d
→	**1 agir**	agile	*agent*	agir
→	**② brillant**	brigand	*brique*	brisant
→	**3 commune**	commun	*brun*	prune
	4 dentiste	dentifrice	*dentiste*	dentelle
	5 écrire	décrire	*inscrire*	écrire
	6 fraction	traction	*fraction*	action
	7 guide	vide	*guidon*	guide
	8 habitant	habiller	*habitude*	haletant
	9 imprimé	impureté	*imprudence*	imposer
	10 jalousie	fantaisie	*jamais*	jeudi
	11 karaté	kermesse	*klaxonner*	karaté
	12 lancer	danser	*lancer*	leçon
	13 mars	masse	*marc*	mâles
	14 novembre	décembre	*novembre*	notamment
	15 octobre	odorant	*vignoble*	microbe
	16 patron	pardon	*partons*	parlons
	17 quille	queue	*bille*	quille
	18 refrain	frein	*réfléchir*	reflet
	19 sauce	saucisson	*saucisse*	sauce
	20 thon	bon	*thon*	fond
	21 union	unique	*unité*	union
	22 verger	verger	*venger*	verglas
	23 western	wagon	*western*	terne
	24 aliment	alléchant	*aliment*	allaiter

	e	f	g	h
→	**1 âne**	âge	*âne*	âcre
→	**2 beaucoup**	partout	*surtout*	beau-père
→	**3 chien**	chair	*chien*	champ
	4 départ	retard	*dentier*	départ
	5 écorce	écorche	*écorce*	précoce
	6 famille	famine	*familier*	famille
	7 gros	gras	*gros*	gris
	8 heureux	peureux	*heureux*	heure
	9 image	rivage	*immense*	image
	10 joyeux	envieux	*joyeux*	jeunesse
	11 marin	marine	*marais*	marin
	12 ligne	linge	*lingot*	ligne
	13 kilomètre	kilogramme	*kilo*	kilomètre
	14 nez	net	*nier*	née
	15 orthographe	photographe	*orthophoniste*	orthographe
	16 pantalon	pantoufle	*talon*	touffe
	17 quand	quant	*quart*	quand
	18 rayon	rayer	*crayon*	rayure
	19 soigner	poignée	*saigner*	signer
	20 talon	talus	*taire*	tantôt
	21 vin	vingt	*vain*	vin
	22 usine	urine	*usine*	usure
	23 wagon	watt	*dragon*	wagon
	24 xylophone	interphone	*xylophone*	téléphone
	25 yaourt	yeux	*yaourt*	yacht
	26 zéro	zone	*zéro*	zoo

RECHERCHE

VITESSE

L'abécédaire de monsieur Brû

4 **M. Brû vient de retrouver dans son grenier le livre de lecture qu'il avait à l'école quand il était petit. C'était un abécédaire, dont nous reproduisons une page ci-contre. Regarde cette page tranquillement. Vois comme les choses ont changé depuis ! Le botte, les souliers, le lorgnon, par exemple… Maintenant, lis la première phrase de l'exercice.**
Barre, sur la ligne 1 de l'abécédaire, les objets dessinés qui ne sont pas dans la phrase 1.
Recommence avec la deuxième phrase de l'exercice et la ligne 2 de l'abécédaire, etc.

1 Assis sur sa chaise, monsieur Brû fume son cigare en écoutant le feu chanter, on dirait la plainte d'un oiseau. Il se rappelle sa jeunesse…

2 Son voisin était un petit coiffeur de village, il se servait de ciseaux en acier et d'une brosse à poils ras. Sur sa table, il y avait toujours un compas, M. Brû ne sut jamais pourquoi.

3 Un jour, alors qu'ils faisaient les foins ensemble, ils découvrirent une vipère. Le petit coiffeur lui dit : « Coupons la poire en deux, tu finis de ranger les bottes de foin à la fourche, moi, je m'occupe de retrouver le serpent et je l'écrase d'un coup de botte ! » L'animal court toujours…

4 En rentrant chez lui, M. Brû avait pris l'habitude d'enlever ses souliers, d'ôter son chapeau et de s'installer auprès du feu qu'il tisonnait avec les pinces. Assis sur sa chaise, il souriait en songeant aux feux de son enfance.

5 Il y avait aussi son copain Christophe qui descendait à la cave, perçait le tonneau et remplissait à ras-bord de pleins pichets de vin frais. « Voilà pour étancher la soif de ceux qui nous firent si belles moissons » disait-il à chaque fois.

6 Et son père, toujours grincheux, les lunettes sur le nez, qui comptait les maigres sous qu'il avait mis dans son bas après avoir vendu sa récolte de choux. « Il en faudra donner des tours de charrue avant d'être riche », soupirait-il invariablement.

7 Mais la plus drôle, c'était la grand-mère avec ses lorgnons sur le nez. Elle n'entendait plus grand-chose, mais elle était capable de voir une mouche à trente mètres. Ses besicles ? de vraies jumelles ! On l'appelait « œil-de-lynx ». Mais M. Brû n'avait jamais vu de lynx de toute sa vie…

8 Monsieur Brû glisse un petit soupir au coin du feu. Ah ! qu'il est loin le temps où il mit la bague au doigt de la bonne madame Brû après lui avoir ôté son gant, qu'il est loin le temps où il coupait le bois à la hache…

9 Il regarde l'ombre de la cheminée et l'équerre qu'elle dessine sur le mur, remet une bûche dans le feu et s'assoupit paisiblement, songeant à tout ce temps passé qui s'écoule devant ses yeux avec douceur…

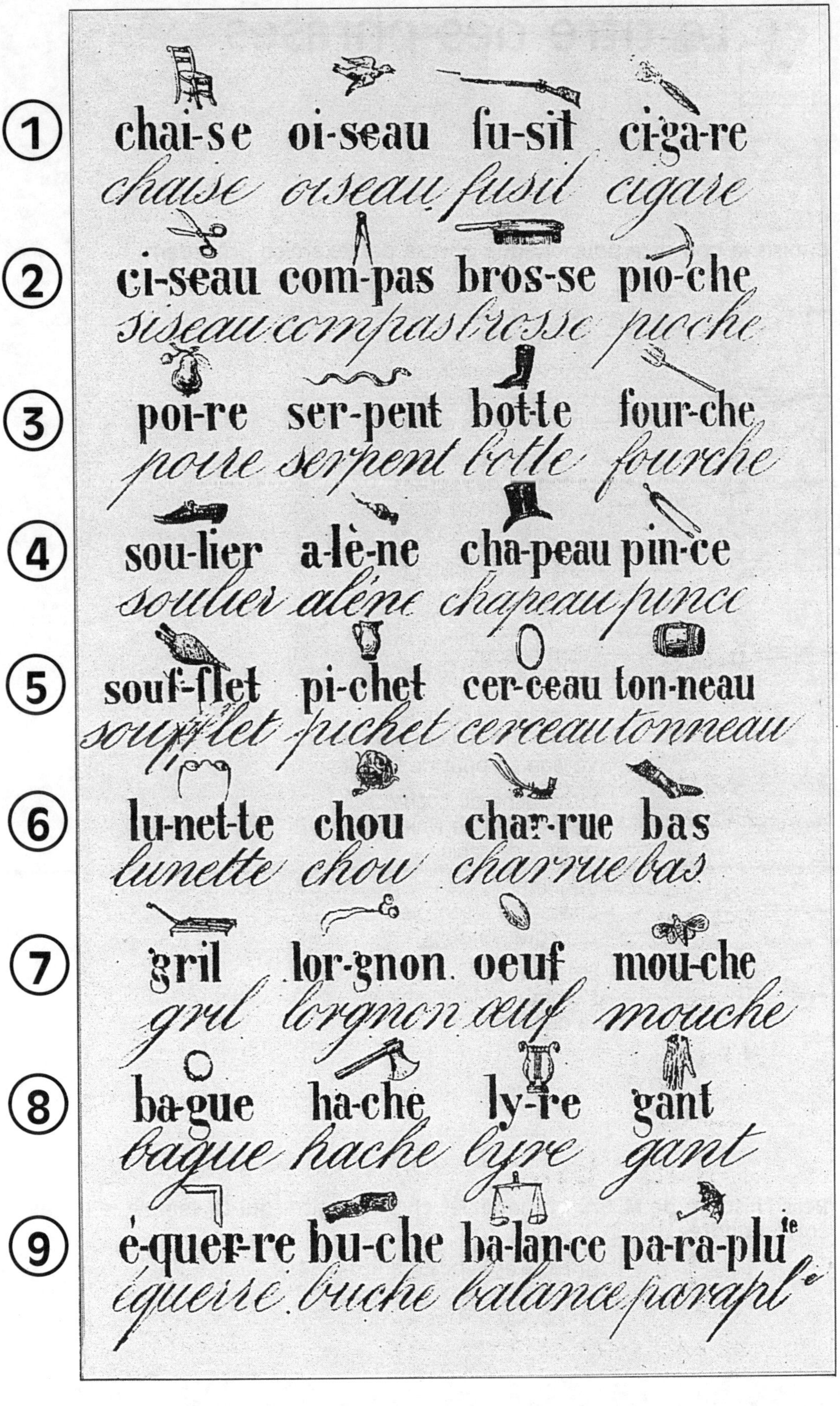

Illustration extraite de Ségolène Le Men, *Les Abécédaires français illustrés*, Promodis, 1984. Abécédaire 101, illustration n° 148, page 174.

Le titre des phrases

COMPRÉHENSION

5 Choisis le bon titre pour chaque phrase de l'exercice précédent.

1
- Une soirée au coin du feu. a
- Monsieur Brû à l'école..... b
- Le vieux fusil.............. c

2
- Le voisin encadreur........ a
- Le petit coiffeur........... b
- Une partie de campagne... c

3
- La chasse au serpent. ..... a
- Le temps des cerises. ..... b
- Le vieil homme et la mer. . c

4
- Les mains sales............ a
- Cent ans de solitude. ..... b
- Les feux de mon enfance.. c

5
- L'or....................... a
- Les moissons.............. b
- La peste. c

6
- Le salaire du laboureur. ... a
- L'art d'être grand-père. ... b
- Voyage au bout de la nuit. c

7
- La mouche du coche...... a
- Mamie « œil de lynx »...... b
- Le livre de sable........... c

8
- L'ennemi.................. a
- Chaussure à son pied...... b
- La bague au doigt......... c

9
- Les fourmis............... a
- L'ombre de la cheminée... b
- La disparition.............. c

6 Relis l'histoire de M. Brû en entier et choisis le titre qui te semble le mieux correspondre :

- La pluie et le beau temps.. a
- Souvenirs au coin du feu. . b
- Un paysan à Paris. c

Un drôle de chauffeur

VITESSE MÉMOIRE

7 **Quelle histoire ! Plusieurs lettres ont disparu... À moins que ce ne soit un vampire qui les ait croquées ? Lis ce texte grignoté, le plus vite possible, et cours au texte suivant avant que Dracula ne t'attrape !**

Le condu*teur du taxi contemple sa jeune passagère *ans le rétroviseur. Il ne la quitte *as des yeux, et n'importe quel obser*ateur se demanderait comment fait ce vieil homme *our conduire sa voit*re sans regarder la route.

Sylvette ne se sent p*s tranquille. Elle voud*ait pouvoir observer, elle auss*, la tête de son chauffeur dans le r*troviseur. Elle ne la voit pas. Se croyant m*l placée, elle se glisse disc*ètement quelques centimètres plus loin, vers le centre de la banquette ; le m*roir ne reflète toujours que le capitonnage int*rieur du taxi. Elle se *éplace encore un peu. Là, c*mme ça, elle distingue nettement quelque chose : son propre visa*e !

— C'est incroyable. Ou bien il s'agit *'un miroir magique, ou bien cet h*mme ne peut pas s* voir dans une gl*ce !

S*lvette comprend tout *e suite que ce curieux phénomène ne d*pend pas du rétroviseur puisqu'il reflète norm*lement son visage.

— C'est le chauffeur d* taxi qui n'est pas n*rmal, alors ?...

Alors lui reviennent en tête *es contes et légendes dont sa Grand-mère lui *arle souvent. De sa mémoire, remonte un *trange personnage : le seul qui, avec ceux de son espèce, ait l* particularité d'être insensible aux re*lets des miroirs. Elle revoit Grand'*ère Chaperon lui raconter son histoire. Elle l'entend enc*re dire son nom, quelque cho*e comme DRA... DRAC...

— DRACULA ! ! ! s'écrie Syl*ette dans le taxi.

— Comte Dr*cula, s'il vous plaît, répond le vieux chauffeur en *e retournant vers elle sans arr*ter sa voiture.

— Attention. *egardez devant vous ! On va *voir un accident ! hurle Sylvette.

— Quelle importance, lui ré*ond le comte, je suis déj* mort.

Le taxi poursuit sa rou*e, comme si Dracula le *onduisait vraiment avec toute *on attention.

— C'est extraor*inaire, pense Sylvette. *amais je n'aurais cru que *es vampires pouvaient...

Elle s'interrompt, le mot qu'elle *ient de prononcer l'effraie. Elle *éalise tout à *oup qu'elle est en dan*er. L'homme, devant elle, est un *ampire, c'est-à-dire un individu ca*able de tuer en suçant le *ang des humains.

♠ **8** **Complète maintenant les mots croqués par le vampire. Attention, essaye de ne pas revenir au premier texte.**

Le c.................. du taxi contemple sa j........ passagère dans le rétroviseur. Il ne la quitte pas des yeux, et n'importe quel o.................... se demanderait comment fait ce vieil homme pour c.............. sa voiture sans regarder la route.
Sylvette ne se sent pas t.................... Elle voudrait pouvoir observer, elle aussi, la tête de son c................ dans le rétroviseur. Elle ne la voit pas. Se croyant mal placée, elle se glisse d........................ quelques centimètres plus loin, vers le centre de la banquette ; le m.......... ne reflète toujours que le capitonnage intérieur du taxi. Elle se d............ encore un peu. Là, comme ça, elle d................ nettement quelque chose : son propre visage !

♠ **9** **Cette fois-ci, le texte a été encore un peu plus grignoté par le vampire ! Essaye de tout te rappeler sans revenir au texte d'origine.**

Alors lui reviennent en .... les contes et légendes dont sa Grand-mère lui .... souvent. De sa mémoire, remonte un étrange personnage : le seul qui, avec ceux de son espèce, ait la particularité d'être insensible aux reflets des .... Elle revoit Grand'mère Chaperon lui raconter son histoire. Elle l'entend encore dire son nom, quelque chose comme DRA...... DRAC......
— DRACULA ! ! ! s'écrie .... dans le taxi.
— Comte Dracula, s'il vous plaît, répond le vieux .... en se retournant vers elle sans arrêter sa voiture.
— Attention. .... devant vous ! On va avoir un accident ! hurle Sylvette.
— Quelle importance, lui .... le comte, je suis déjà mort.
Le taxi poursuit sa route, comme si Dracula le conduisait vraiment avec toute son attention.
— C'est ...., pense Sylvette. Jamais je n'aurais cru que les vampires pouvaient......
Elle s'interrompt, le mot qu'elle vient de prononcer l'effraie. Elle réalise tout à coup qu'elle est en danger. L'homme, devant elle, est un ...., c'est-à-dire un individu capable de tuer en suçant le .... des humains.

D'après Jean-Pierre Cuisinier, *Dracula contre le Petit Chaperon rouge*, Magnard, 1985.

♥ COMPRÉHENSION

La fin du drôle de chauffeur

10 **Sylvette est dans une situation délicate. Le chauffeur est-il vraiment un vampire ? Pour le savoir, souligne dans le texte « Comment reconnaître un vampire ? » la phrase qui prouve bien que le chauffeur en est un.**

Comment reconnaître un vampire ?

Attention, le vampire possède quelques dons maléfiques qui font de lui une créature extraordinaire !
Il n'a pas d'ombre et ne se reflète pas dans un miroir.
Il dort dans un cercueil, au fond d'un sinistre caveau rempli de toiles d'araignée.
Il a le pouvoir de se transformer en chauve-souris, pour se déplacer plus rapidement et s'introduire plus facilement dans les chambres de ses futures victimes.
D'ailleurs « vampire » est le nom d'une chauve-souris d'Amérique tropicale qui mord des animaux endormis puis absorbe leur sang.

11 **Choisis parmi les trois paragraphes suivants celui qui pourrait être la fin de l'histoire de Sylvette. Avant cela, pour être sûr de ne pas te tromper, lis attentivement le texte « Comment s'en débarrasser ? ».**

Comment s'en débarrasser ?

Des gousses d'ail pourront l'éloigner momentanément, mais, pour le détruire définitivement, deux méthodes radicales s'imposent :
— Exposez-le brusquement à la lumière du jour : il se décomposera immédiatement !
— Ou mieux : enfoncez-lui, en plein cœur, un long morceau de bois taillé en pointe.
Résultats garantis ! À condition d'agir vite, sans se faire mordre, car le vampirisme est transmissible par morsure... à sang pour sang !

1 Sylvette se rappelle avoir lu que l'oignon éloigne les vampires. Profitant d'un arrêt à un feu rouge, elle bondit chez l'épicier pour en acheter une livre. Mais Dracula qui a compris quelles étaient ses intentions s'est déjà enfui au volant de son taxi.

2 Sylvette fouille vite dans son cartable. Elle y trouve deux crayons qu'elle attache avec un élastique pour former une croix. Elle enfonce sa croix dans le bras du vampire. Dracula saute aussitôt du taxi en s'éloignant à toute vitesse.

3 Sylvette se souvint alors d'une histoire de vampire que lui avait lue sa grand-mère. On y disait qu'il suffisait d'exposer brusquement à la lumière un vampire pour qu'il se décompose immédiatement. Elle profita donc d'un arrêt à un feu rouge pour arracher, du nez de Dracula, les lourdes lunettes de soleil qu'il portait. L'effet fut spectaculaire. En moins de temps qu'il ne faut pour le dire, le chauffeur de taxi disparut mystérieusement.

Le dernier paragraphe de l'histoire est le paragraphe numéro : ___

5 Bilan

Une lecture volcanique

COMPRÉHENSION VITESSE

◆ **1 Tu cherches, le plus rapidement possible, le « frère jumeau » du mot souligné au début de chaque ligne. Tu le soulignes.
Tu entoures le numéro de la ligne s'il n'y a pas de jumeau.**

	a	b	c	d
→ 1	gaz	**gaze**	gare	*gaz*
→ 2	explosion	**exposition**	explosion	*explication*
→ 3	cendre	**cendre**	tendre	*rendre*
→ 4	volcan	**violent**	volcan	*volant*
→ 5	cheminée	**cheminée**	chemin	*chemine*
→ 6	cratère	**colère**	père	*caractère*
→ 7	éruption	**éducation**	éruption	*explosion*
→ 8	lave	**larve**	lame	*lave*
→ 9	feu	**jeu**	lieu	*fou*
→ 10	terre	**terre**	serre	*tresse*

♥ **2 Tu entoures dans chaque liste le ou les mots qui ne vont pas avec le thème de la liste.**

1 un navire - une voile - la rame - une barque - le voilier - le bateau - la coque - le cratère - le mât.

2 un piano - un violon - la mer - une flûte - le tambour - l'accordéon - la trompette - l'orgue - le saxophone.

3 un médecin - un charcutier - le maçon - la maison - le plombier - un volcanologue - l'épicier - le menuisier - mon instituteur - le facteur.

4 le fleuve - la rivière - le lac - la mare - la mer - l'océan - le ruisseau - le torrent - les cendres - le canal.

5 la pluie - la neige - l'orage - la grêle - le vent - l'averse - la tempête - le voyageur - la giboulée.

MÉMOIRE

Quelques mystères volcaniques !

3 **Tu lis très attentivement la première phrase. Puis, tu te reportes à l'exercice 5 page 46.**

1 Certains volcans peuvent grandir sous l'eau.

2 La plupart des volcans se trouvent autour de l'océan Pacifique.

3 On peut trouver des volcans sous les glaciers.

4 Il y a de nombreux volcans sur la planète Mars.

5 Les éruptions font un vacarme épouvantable.

6 Certains volcans sont en éruption depuis des milliers d'années.

7 La lave n'est pas toujours liquide.

8 La lave liquide avance très vite sur les pentes du volcan.

9 La lave épaisse descend tout doucement.

10 La lave qui coule est dix fois plus chaude que l'eau qui bout.

MÉMOIRE

La lave et ses mystères

4 **Tu lis attentivement la première phrase. Puis tu te reportes à l'exercice 8 en pages 48-49 ; cette phrase y est en partie répétée. Fais attention, car tu devras la retrouver en entier.**

1 Avant qu'un volcan entre en éruption, pendant plusieurs semaines, le magma monte des profondeurs de la terre jusqu'à la surface.

2 Quand le magma monte du sous-sol, sa force est si grande qu'aucun moyen humain ne peut empêcher l'éruption de se produire.

3 Quand elle est chaude et liquide, la lave coule comme un fleuve.

4 Au contact de l'air, la surface de la lave refroidit vite.

5 En refroidissant, la lave durcit et avance beaucoup plus lentement.

6 Pour mesurer la température d'une coulée de lave, le volcanologue emploie un thermomètre spécial appelé thermocouple.

7 La lave qui jaillit à la surface vient souvent de 30 à 80 kilomètres de profondeur. Mais cette profondeur change beaucoup selon les volcans.

♠ Quelques mystères volcaniques !

MÉMOIRE

5 **Lis le plus rapidement possible le premier groupe de phrases.**
Sans revenir en arrière, entoure la lettre de la phrase exactement pareille à celle que tu viens de lire.
S'il n'y a pas de phrases identiques, tu coches le numéro du groupe.
Retourne page 45 et recommence avec la deuxième phrase, etc.

1
- a Certains volcans grandissent sous l'eau.
- b Certains volcans peuvent naître sous l'eau.
- c Certains volcans peuvent grandir sous l'eau.

2
- a La plupart des volcans se trouvent autour de l'océan Pacifique.
- b La plupart des volcans se situent autour de l'océan Pacifique.
- c La plupart des volcans se trouvent dans l'océan Pacifique.

3
- a On peut trouver deux volcans sous les glaciers.
- b On peut trouver des volcans dans les glaciers.
- c On peut trouver des volcans sous les glaciers.

4
- a Il y a de nombreux volcans sur Mars.
- b Il y a de merveilleux volcans sur la planète Mars.
- c Il n'y a pas de volcans sur la planète Mars.

5
- a Les explosions font un vacarme épouvantable.
- b Les volcans font un vacarme épouvantable.
- c Les éruptions font un vacarme épouvantable.

6
- a Certains volcans sont en éruption depuis des centaines d'années.
- b Certains volcans sont en éruption depuis des milliers d'années.
- c Certains volcans sont en éruption durant des milliers d'années.

7
- a La lave est presque toujours liquide.
- b La lave n'est pas toujours liquide.
- c La lave est toujours liquide.

8
- a La lave liquide n'avance pas vite sur les pentes du volcan.
- b La lave liquide avance très vite sur le volcan.
- c La lave liquide avance très vite sur les pentes du volcan.

9
- a La lave épaisse descend tout doucement.
- b La lave épaisse descend doucement.
- c La lave épaisse descend toujours doucement.

10
- a La lave est dix fois plus chaude que l'eau qui bout.
- b La lave qui coule est dix fois plus chaude que l'eau qui bout.
- c La lave qui bout est dix fois plus chaude que l'eau qui coule.

VITESSE | COMPRÉHENSION

L'explosion du Vésuve

6 **Tu lis le texte le plus rapidement possible sans tenir compte des mots placés dans la marge.**

Ce 24 août 79

	Ce matin-là, il fait chaud, comme il peut faire chaud au mois d'août sur les bords de la Méditerranée… Avec quelque chose en plus…	
d'avant	La semaine précédente, la terre a tremblé. Juste un frémissement, accompagné de quelques grondements sourds en provenance du Vésuve, le volcan qui se dresse à une vingtaine de kilomètres de Pompéi. Mais les gens du	d'après
disposés	pays ne sont pas inquiets : « Le sol bouge souvent par ici, vous n'avez rien à craindre ».	alarmés
auprès de	Pourtant, au cours de cette journée, le Vésuve, endormi depuis plus de huit siècles, devait s'éveiller.	durant

L'explosion du Vésuve

	Le soleil tombe à pic sur la ville. Pas une ombre.	
lourd	L'air est pesant, immobile, le ciel est presque blanc. Les Pompéiens ont recherché la fraîcheur dans leurs maisons. Pour la plupart, ils sont à table.	gros
lointain	Soudain un craquement assourdissant retentit. Comme si le globe terrestre s'était ouvert en deux. Ce n'est pas le globe qui explose, mais le Vésuve : son	fracassant
de sauver	sommet vient de sauter comme un bouchon de champagne.	d'exploser
	Quelques passants se sont tournés vers le volcan ;	
surpris	stupéfaits, ils voient sa silhouette changer rapidement : le haut du cratère, jusque-là arrondi, s'est cassé en quelques	satisfaits
parfois	secondes. Il apparaît désormais déchiré, fissuré, éclaté. Il s'en échappe d'énormes blocs de lave ancienne.	maintenant
brûlants	D'immenses jets incandescents s'élèvent dans le ciel, tandis qu'une gigantesque colonne de cendres forme un champignon monstrueux…	adolescents
secouent	Et voici que de nouvelles explosions ébranlent la montagne. Un bouillonnement de laves rougeoyantes dégringole les pentes. Dans le ciel, le nuage s'étend toujours, prenant la forme	secourent
bateaux	d'un parasol. Il se divise en une multitude de rameaux qui retombent lentement vers la terre. Certains sont d'un blanc brillant, d'autres noirâtres. Au sol, ils ressemblent à des papillons gris, légers et tièdes…	branches

habits	Des papillons de cendres qui se collent aux <u>vêtements</u>, à la peau… Des papillons légers, mais si nombreux qu'ils vont étouffer une ville.	arbres
	Le nuage devient si grand qu'il cache le soleil.	
	C'est comme la nuit sur le monde, une nuit illuminée seulement par les flots de lave du Vésuve. Mais à Pompéi,	
le courage	plus personne n'a le temps, ni <u>le goût</u>, de regarder le Vésuve.	l'envie

La fin d'une ville

	En quelques heures, le volcan va recouvrir la ville de	
est	Pompéi <u>et</u> la cité d'Herculanum, sa voisine. Bien peu d'habitants pourront échapper aux coulées de laves, aux pluies de cendres, aux bombes volcaniques ou aux gaz qui s'échappent du cratère.	ainsi que
morts	Ce jour-là, le volcan a fait environ 2 000 <u>victimes</u> dans la ville de Pompéi. Mais si une telle éruption devait se produire aujourd'hui, elle serait dix fois plus meurtrière. En effet, la population qui habite sur les pentes du volcan est beaucoup plus importante.	habitants

D'après Monique Amiel, *Pompéi, une cité retrouvée*, Nathan, 1984

7 Remplace le mot souligné dans le texte par l'un des deux mots placés dans la marge. Tu entoures le mot qui convient.

MÉMOIRE

La lave et ses mystères

8 Sans revenir à la phrase que tu viens de lire page 45, retrouve les mots qui manquent. Recommence avec chacune des autres phrases de la page 45.

1 Avant qu'un volcan entre en éruption, pendant plusieurs semaines, le magma monte des profondeurs de la terre ____________________.

2 ______ le magma monte du sous-sol, ____________________ aucun moyen humain ne peut empêcher l'éruption ____________.

3 ______________ chaude ______________ la lave coule ______________.

4 ____________________ la surface ______________ refroidit vite.

5 ______________ la lave durcit et avance ______________ lentement.

6 Pour ______ la température ______________, le volcanologue emploie un thermomètre spécial ______________.

7 La lave ______________ vient ______ de 30 ______ kilomètres de profondeur. ______ cette profondeur change ______ selon les volcans.

Qu'est-ce qu'un volcan ?

VITESSE

9 Lis ces textes le plus vite possible.

Qu'est-ce qu'un volcan ?

Un volcan c'est un endroit où l'écorce terrestre s'ouvre et laisse sortir de la roche fondue qui vient des profondeurs de la terre : le magma. Sous chaque volcan en activité se trouve une « réserve de magma », à quelques kilomètres de profondeur. Par moments, le magma pousse pour sortir : le volcan entre en éruption. Les cendres et les laves qui sortent forment une montagne.

D'où vient la lave ?

Imagine que tu descends vers le centre de la terre. Plus tu t'enfonces, plus tu as chaud. À trois kilomètres de profondeur, il fait déjà 100 °C, la température de l'eau quand elle bout. À 100 km, la température est si forte →

que même les roches fondent. Elles deviennent alors presque liquides et se mélangent à des gaz. C'est le magma. Poussé par les gaz, il remonte parfois par les fentes de l'écorce de la terre. Puis il arrive dans le volcan. Quand il jaillit, une partie de ses gaz s'échappe dans l'air et le magma brûlant devient de la lave qui s'écoule sur les pentes.

D'après *Les Volcans et les montagnes*, collectif, Nathan, 1986.

COMPRÉHENSION

Qu'est-ce qu'un volcanologue ?

10

En coulant sur le texte, la lave a brûlé plusieurs mots. Retrouve les « mots brûlés ». Note-les, dans le texte.

Les v-------------------------------- sont les gens qui observent, étudient les volcans et essaient de s------------- pourquoi ils entrent en éruption. Pour y arriver ils f----------- de nombreuses expériences. Ils ramassent des m-------------- de roche, ils les découpent et les r------------------------------ au microscope d--------- leurs laboratoires. À l'aide de thermomètres spéciaux, i-------- prennent la t---------------------------- des gaz et des laves. Ils observent aussi les moindres tremblements de t----------- tout autour du v-----------------.

Comment les volcanologues se protègent-ils ?

Le volcanologue p--------------- un masque qui couvre sa b------------------ et son nez et le p---------------------- des gaz dangereux. Contre la chaleur, il m-------- un vêtement spécial recouvert d'aluminium qui ne b--------------- pas. Sur sa t----------- il porte une cagoule taillée dans l---- même matière. Ainsi équipé, le v------------------------------ peut rester à m----------- d'un mètre d'une coulée de l----------- à 1 000 °C.

D'après *Les montagnes et les volcans*, coll., Nathan, 1986 et M. Krafft, *Les volcans et leurs secrets*, Nathan, 1984.

11 Que désigne le mot mystère ? Coche la bonne réponse.

– On trouve des tuminularistes sur les pentes des volcans.
– Les tuminularistes ne sont pas dangereux.
– les tuminularistes surveillent et étudient les volcans.

tuminularistes → cendres ☐ / volcanologues ☐ / laves ☐

MÉMOIRE

Vrai ou faux ?

12 Tu as bien fait attention à ce que tu as lu tout au long de ce chapitre ? Alors, essaye de répondre aux questions suivantes.

		VRAI	FAUX
1	L'éruption du Vésuve a détruit la ville de Pompéi.		
2	On ne trouve des volcans que dans les régions montagneuses.		
3	Le magma est de la terre fondue.		
4	On peut empêcher une éruption volcanique.		
5	On peut mesurer la température de la lave.		
6	La lave durcit en refroidissant.		
7	Le magma met plusieurs semaines pour remonter des profondeurs de la terre.		
8	Le Vésuve se trouve à une centaine de kilomètres de Pompéi.		
9	Il y a des volcans sur d'autres planètes que la Terre.		
10	Un volcan peut être en éruption pendant plusieurs milliers d'années.		

Tu hésites, tu ne te souviens plus exactement quelles sont les bonnes réponses ? Alors, relis attentivement les phrases des pages 45 et 46 ainsi que les textes des pages 47 et 48.
Cette fois-ci, il ne t'est pas difficile de cocher chaque réponse.

Pour établir le premier bilan, ces pages peuvent être photocopiées.

6

Monsieur Brû fait une commande

RECHERCHE

VITESSE

1 **Monsieur Brû veut connaître le prix et le numéro des objets qu'il va acheter.**
Aide-le en cherchant, le plus vite possible, sur la page ci-contre les objets à commander.
Note le numéro, puis le prix.
Le premier est donné en exemple.

Numéro du catalogue	Objet à commander	Prix
n° 6	Bouquet de fleurs séchées.	19 F.
n°	Flacon Tour Eiffel.	F.
n°	Savon au magnolia.	F.
n°	Stylo à bille.	F.
n°	Verre à dents.	F.
n°	Mini-album de photos.	F.
n°	Trousse à maquillage.	F.
n°	Fleurs en soie.	F.
n°	Petit tableau naïf.	F.
n°	Cœur en pain d'épice.	F.

2 **Pour que Monsieur Brû ne se trompe pas dans sa commande, tu vérifies :**
1 : dans quels magasins on peut trouver les objets commandés ;
2 : quelle est l'adresse exacte du magasin.
Souligne les réponses justes. La première est donnée en exemple.

Numéro du catalogue	Nom du magasin	Adresse du magasin
n° 6	A. La Porte Verte. B. La Porte Ouverte.	a. 201, rue St-Honoré, 75001 Paris. b. 201, rue Honorable, 75001 Paris.
n° 11	A. Marinalda. B. Esméralda.	a. 8 bis, rue St-Julien-le-Pauvre, 75005 Paris. b. 8, rue St-Julien-le-Pauvre, 75005 Paris.
n° 22	A. Prisunic. B. Uniprix.	a. 129, rue de la Croix-Tournée, 89800 Labeaume. b. 129, rue de la Croix-Ramonée, 89800 Labeaume.

(Suite page 54)

31 CADEAUX À MOINS DE 20 F

Nos adresses
A la Renommée, 20, quai Mégisserie, 75001 Paris.
Axis, 14, rue Guénegaud, 75006 Paris.
BHV, 55, rue de Rivoli, 75003 Paris.
Esméralda, 8, rue St-Julien-le-Pauvre, 75005 Paris.
Labo Sciences, 6, rue St-Dominique, 75007 Paris.
La Porte Ouverte, 201, rue St-Honoré, 75001 Paris.
Le Canard à Roulettes, 60, rue Mazarine, 75006 Paris.
Librairie Vendôme, 201, rue St-Honoré, 75001 Paris.
Marie-Papier, 22, rue Vavin, 75006 Paris.
Ogetto, 143, rue St-Martin, 75004 Paris.
Pier Import, 124, rue de Rivoli, 75001 Paris.
Plastiques, 103, rue de Rennes, 75006 Paris.
Prisunic, 129, rue de la Croix-Ramonée, 89800 Labeaume.
Sophie Fichini, 1, rue André-del-Sarte, 75018 Paris.

1. Peignes semainier, chacun gravé au jour de la semaine, 15 F les 7, *BHV* ; **2.** Petit tableau naïf, 14 F pièce, *Librairie Vendôme* ; **3.** Cœur en pain d'épice, 11,50 F, *Ogetto* ; **4.** et **5.** Cadres en plexiglas, 21 F et 15 F, *Prisunic* ; **6.** Bouquet de fleurs séchées, 19 F, *La Porte Ouverte* ; **7.** Trousse à maquillage, 11,50 F, *Prisunic* ; **8.** Verres à dents, 15 F pièce, *Plastiques* ; **9.** 5 brins de fleurs en soie, 3 F *Pier Import* ; **10.** Tube en verre, 10,80 F, *Labo Sciences* ; **11.** Flacon Tour Eiffel, 15 F, *Esméralda* ; **12.** Boîte à photos, 20 F, *Marie-Papier* ; **13.** Mini-Album de photos, 20 F, *Sophie Fichini* ; **14.** Eprouvettes huile et vinaigre, 11,20 F pièce, *Labo Sciences* ; **15.** Pot à miel, 19,20 F, *BHV* ; **16.** Savon lavande et éponge, 10 F l'ensemble, *Ogetto* ; **17.** Carnet et feutre assortis, 20 F, *Ogetto* ; **18.** Paniers en verre pour le sel et le poivre, 5,80 F pièce, *BHV* ;**19.** Miroir « I love you », 20 F, *Axis* ; **20.** Savon bonbon, 6 F, *Axis* ; **21.** Baignoire porte-savon, 19,50 F, *Le Canard à Roulettes* ; **22.** Savon, œillet, violette, magnolia, 10 F, *Prisunic* ; **23.** Boîte en verre extra-plate, 8,20 F, *Labo Sciences* ; **24.** Petit carnet en cuir, 20 F, *Sophie Fichini* ; **25.** Petites cactées, 6,50 F pièce, *A la Renommée* ; **26.** Lampe de poche miroir, 12,85 F, *Wonder* ; **27.** Stylo à bille, 18 F, *BHV* ; **28.** Personnage tissu, 7 F pièce, *Esméralda* ; **29.** Boîte de 3 savons, 20 F, *Prisunic* ; **30.** Broche émaillée, 20 F, *La Porte Ouverte* ; **31.** Broche métal, 5 F, *Sophie Fichini*.

Ma Maison, mon ouvrage, n° 368, mai 1979

Numéro du catalogue	Nom du magasin	Adresse du magasin
n° 27	A. B.V.P. B. B.H.V.	a. 55, rue des Raviolis, 75004 Paris. b. 55, rue de Rivoli, 75003 Paris.
n° 8	A. Plastiques. B. Élastiques.	a. 103, rue de Rennes, 75006 Paris. b. 103, rue de Reine, 75006 Paris.
n° 13	A. Sophie Fichini. B. Sylvie Fichini.	a. 1, rue André-del-Sarte, 75018 Paris. b. 1, rue André-del-Sarte, 75008 Paris.
n° 7	A. Prisu. B. Prisunic.	a. 129, rue de la Croix-Tournée, 89800 Labeaume. b. 129, rue de la Croix-Ramonée, 89800 Labeaume.
n° 9	A. Pierre et Paul. B. Pier Import.	a. 124, rue de Rivoli, 75001 Paris. b. 142, rue de Rivoli, 75001 Paris.
n° 2	A. Librairie Vendôme. B. Épicerie Vendôme.	a. 201, rue St-Honoré, 75001 Paris. b. 201, rue des Honorés, 75001 Paris.
n° 3	A. Gepetto. B. Ogetto.	a. 143, rue St-Malin, 75004 Paris. b. 143, rue St-Martin, 75004 Paris.

3 Trouve le plus vite possible et entoure :

1 Le nom des deux magasins qui sont à la même adresse :

- Pier Import - La Porte Ouverte - BHV - Librairie Vendôme - À la Renommée

2 Le nom du magasin qui n'est pas à Paris :

- Plastiques - Ogetto - Prisunic - Axis

3 L'objet le moins cher :

- Carnet et feutre assortis - Broche métal - Fleurs en soie - Mini album photo

4 L'objet le plus cher :

- Boîte à photos - Pot à miel - Baignoire porte-savon - Broche métal

COMPREHENSION

La valse des étiquettes

4 Monsieur Brû cherche à classer tous les mots qui traînent sur son cahier. Pour cela, il dispose de trois « mots-étiquette » pour regrouper tous les autres mots.
Entoure le « mot-étiquette » qui correspond à chaque liste.

1	mer eau poisson	brochet - truite - saumon - thon - carpe - anguille
2	chambre meuble bois	armoire - buffet - lit - chaise - table - fauteuil
3	chanteur disque instrument	saxophone - flûte - hautbois - trompette - clarinette
4	département ville pays	Espagne - Portugal - Grèce - France - Danemark
5	ballon sport athlète	football - natation - saut - escalade - rugby - course

5 **Cette fois-ci, Monsieur Brû a mélangé tous ses mots. Dans chaque liste, il y a un « mot-étiquette », souligne-le.**

a	b	c	d	e
broche	glace	mouche	rosbif	tennis
bague	gâteau	moustique	escalope	marelle
collier	crème	scarabée	rôti	jeux
bijou	fruit	abeille	viande	billes
bracelet	tarte	insecte	jambon	saute-mouton
médaille	dessert	guêpe	poulet	échec
gourmette	flan	criquet	bifteck	chat-perché

Méli-mélo de mots

VITESSE

COMPRÉHENSION

♦♥ **6** **Ha ! là là ! quel maladroit ! J'ai passé mes phrases à la machine à laver et elles en sont sorties toutes tourneboulées ! Il faut les démêler ! Pour cela, tu choisis un mot dans chaque colonne.**
Attention : dans chaque cas, une seule phrase est possible.
Va le plus vite possible.

Tu coches ensuite le titre qui correspond à la phrase juste. La première est donnée en exemple.

1	~~**Certaines**~~	éléphants	à	~~**îles**~~	mont Blanc	~~**vivent**~~	~~**plus**~~	de	1 jour.
	Ma	~~**tortues**~~	~~**des**~~	forêts	~~**Galapagos**~~	donnent	pluie	~~**de**~~	~~**100 ans.**~~

a. ☐ **L'ascension du mont Blanc.**
b. ☒ **Des tortues très âgées.**

2	Le crapaud	maison	peut	vallée	des proies	aussi	gosses	de	lui.
	Le chapeau	cornu	lieu	avaler	du choix	oui	grosses	que	elle.

a. ☐ **Un sacré gourmand !**
b. ☐ **Un grand chapeau.**

3	Les avions	que	transportent	des passagers	vélo	en général →
	Les crayons	qui	mangent	du papier	volent	mon général →
→	à plus de	100 F.				
→	à pied	1 000 km/h.				

a. ☐ **Quelle est la vitesse d'une moto ?**
b. ☐ **À quelle vitesse vont les avions ?**

4	On	ne	deux	bras	vivre	plus de	place	ou	100	cou	sans →
	Nous	le	peut	pas	livre	dans	4	un	5	jours	temps →
→	boire.										
→	lire.										

a. ☐ **À boire et à manger.**
b. ☐ **Peut-on vivre sans boire ?**

5	Le miel	on trouve	à	150	millions	de kilogrammes	de la Terre.
	Le soleil	se trouve	ou	loin	maisons	de kilomètres	du fer.

a. ☐ **Distance de la Terre au Soleil.**
b. ☐ **Un bon bain de soleil !**

6	Il existe	au déjeuner	du sang	qui	souris	des larmes	demain.
	Il pleut	en Thaïlande	un papillon	quel	se nourrit	des armes	des bœufs.

a. ☐ **Du sang au déjeuner.**
b. ☐ **Les buveurs de larmes.**

D'après *Dans l'air et l'espace*, Collectif, Nathan 1987 et *Ce que nous mangeons*, Collectif, Nathan Collection Questions-Réponses, 1987.

♦ **7 Cette fois-ci, ce sont trois phrases que ma machine à laver a tourneboulées ! Circule le plus vite possible à travers ce « méli-mélo »...**

1

Les pâtes	si	du bois	ne poussent pas	non	demain !
Lézards	que	des pattes	n'épousent pas	rien	les arbres !
Mes mains	ah	tu achètes	ne couche pas	sur	hier !

2

Ils	sont	fabriquées	rat	des chaises.
Si	avons	fabrique	partons	des machines.
Elles	scie	brique	par	du sable.

3

Ces moissons	mélangent	le trottoir	de haut	des œufs	pour	fête →
Ces machines	cassent	la fatigue	de l'eau	des poules	peur	faire →
Ces maisons	boivent	de la farine	un seau	des coqs	dur	miel →

→ une poire.
→ une pêche.
→ une pâte.

4

Nuit	des appareils	lisent	et découpent	la	porte	moi →
Puis	des lunettes	boivent	et chantent	ma	pitre	doit →
Suit	des fenêtres	étirent	et mangent	rat	pâte	en →

→ petits cadeaux	une trace	et	des hommes	digérer.
→ petits morceaux	de tailles	nez	de formes	distance.
→ petites fleurs	une tape	chez	des pommes	différentes.

D'après Sassier Avérous, *Ce que nous mangeons*, Collection Questions-Réponses Nathan, 1987.

♥ **8 Tu as sans doute remarqué que les phrases de l'exercice 7 forment un texte. Non, pas encore ? Alors, relis le plus vite possible ces quatre phrases et coche maintenant le titre du texte.**

a. ☐ Comment fait-on le gratin de pâtes ?
b. ☐ Comment sont faites les pâtes ?
c. ☐ Les lézards ont-ils de petites pattes ?

9 Il te reste un peu de temps ? Profites-en pour circuler à travers ce « méli-mélo » et fabriquer des phrases amusantes...

Par exemple, savais-tu que « le chapeau-maison peut avaler des proies aussi grosses que lui ? » (phrase 2 du n° 6) ou qu'« on ne peut pas vivre plus de 4 ou 5 jours sans lire ? » (phrase 4 du n° 6).

Tu peux aussi fabriquer tes propres listes de phrases et t'entraîner sur ton cahier de brouillon !

VITESSE COMPRÉHENSION MÉMOIRE

Un drôle de baby-sitter[1]

10 Choisis, le plus vite possible, le mot situé dans la marge qui peut remplacer le mot souligné dans le texte. Entoure-le. Attention à l'orthographe.

1

arriva	Ce jour-là, M. Terrapin rentra de bonne heure. Il était pressé, mais il vit aussitôt que ses enfants avaient bien rempli leur journée.	reviens
colorier	Ils avaient peint un éléphant rose sur la porte de la chambre. Ils avaient mis de la confiture sur le loquet de la porte d'entrée.	dessiné
garnie	« Bien, bien, fit M. Terrapin en suçant ses doigts pleins de confiture. Après tout, ce sont des enfants. Ah ! de la confiture de framboises, ma préférée ! » M.Terrapin enjamba lestement la fenêtre. « Millie chérie ! appela-t-il. Maquille-toi vite, Millie chérie. Tu	couverts
veste	mettras ta fourrure. Nous sortons ce soir ! » Millie Terrapin était ligotée au pied de la table avec des ceintures de robes de chambre. Alpha, Olivier et le petit Oméga dansaient la danse du feu, en pantalon de pyjama,	manteau
Commanche	peinturlurés comme des guerriers indiens. « Tu as passé une bonne journée, ma chérie ? demanda M. Terrapin. Allons, les enfants, libérez votre mère. Je sors avec elle, ce soir. — Tu es arrivé au bon moment, papa, dit Alpha. Nous allions	Apaches
feux	allumer le bûcher. — Vous n'avez plus le temps, dit M. Terrapin en souriant	feu
pirates	affectueusement à ses trois brigands de fils. Seras-tu bientôt prête, Millie ? — Voyons, mon chéri, dit Mme Terrapin, tandis qu'Olivier la libérait. Je ne peux pas sortir, je ne peux pas laisser les enfants seuls.	coquines
Prendre	— Appelle une baby-sitter, Millie, dit M. Terrapin en regardant sa montre. Téléphone à Mère l'Oie, qui tient une agence de garde d'enfants. Il paraît qu'elle a des baby-sitters de tous	Téléphone à
types	genres, pour toutes les situations. » Alpha, Olivier et Oméga semblaient mécontents. Avoir une	sortir
plaisaient	baby-sitter ne les réjouissait pas. Ils pensaient qu'ils pourraient se débrouiller tout seuls.	amusait

1. Un(e) baby-sitter est une personne que l'on emploie pour garder les enfants à la maison lorsque leurs parents sortent.

2

surprenante	Un quart d'heure plus tard, on entendit un curieux *tipeti-clic !* *tipeti-cloc !* dans l'allée du jardin. *Cliqueti-clang !* on frappa à la porte.	bizarre
étonnant	M. Terrapin alla ouvrir et dévisagea l'étrange personnage, qui se trouvait devant lui. « Monsieur Mâchefer ? demanda-t-il poliment.	drôles
énorme	— Ou plutôt ce qu'il en reste, camarade, grogna une terrible voix. »	grosses
alla	Le baby-sitter poussa brusquement M. Terrapin d'un coup d'épaule. *Tipeti-clic ! tipeti-cloc !* Il se dirigea vers la cuisine.	précipita
devaient	Il portait un long manteau vert, et avait noué un foulard à pois sur sa tête. Avec sa jambe de bois, son bras en étain et son bandeau sur l'œil gauche, il semblait avoir perdu pas mal de morceaux, mais ce qui restait était amplement suffisant. Jamais personne ne l'aurait pris pour un baby-sitter. En fait, il sautait aux yeux du plus myope marin d'eau douce (M. Terrapin, par exemple) qu'Orphée Mâchefer était un pirate !...	paraissait

D'après Margaret Mahy, *Le grand charivari*, Gallimard, 1983.

♠ 11 Relis le texte attentivement puis, sans y revenir, entoure le numéro de tous les personnages qui appartiennent à l'histoire.

1 Arthur	6 Olivier	11 Romaga
2 Alpha	7 M. Trepin	12 M. Terrapin
3 Roger Terrapin	8 Broduga	13 Mère Joie
4 Raphia	9 Millie Terrapin	14 M. Mangefer
5 Margaret Mahy	10 Mère l'Oie	15 Oméga

♠ 12 Un personnage de l'histoire est absent de la liste, lequel ?

Le personnage manquant est : ____________ ______________

♠ 13 Dans l'histoire, les enfants ont mis sur la porte :

de la confiture
- de fraises 1
- d'abricots 2
- de framboises 3
- de pommes 4
- de rhubarbe 5

♥ 14 Lequel de ces titres correspond à chaque paragraphe ?

1
- **a.** Si on jouait aux Indiens ?
- **b.** Le pot de confiture.
- **c.** M. Terrapin rentre de bonne heure.

2
- **d.** L'attaque des pirates.
- **e.** L'arrivée du baby-sitter.
- **f.** À l'abordage !

7

Les poissons dorment-ils ?

VITESSE

1 **Les mots soulignés dans le texte sont classés, avec d'autres mots, dans la liste alphabétique située en dessous.**
Au fur et à mesure que tu les rencontres dans le texte, coche-les dans la liste.
Pour aller le plus vite possible, repère simplement les mots soulignés. Tu n'as pas besoin de lire tout le texte.
Attention, tu cherches comme dans un dictionnaire ; les noms sont, par exemple, mis au singulier, les verbes à l'infinitif, etc.

Quand on dort, on ferme les yeux ou plutôt les paupières viennent recouvrir nos yeux comme de petits rideaux. Mais ce n'est pas là le rôle principal des paupières. Continuellement, elles descendent, remontent pour que l'œil reste humide. Les poissons, eux, n'ont pas de paupières, ils n'en ont pas besoin puisqu'ils vivent dans l'eau. Cela ne les empêche pas de se reposer, comme tout animal, le jour ou la nuit, suivant leurs habitudes.
Après avoir choisi leur lieu de repos, ils ne se couchent pas pour dormir, ils se laissent simplement flotter. Et quand on connaît les nombreux dangers de la mer, on se dit qu'il doit être plus facile d'éviter les mauvaises surprises si l'on a deux yeux ouverts, même quand on dort.

D'après G. Barthélemy, *La mer et ses secrets*, Nathan, 1972.

après	humide	rideau
besoin	il	rôle
choisir	jour	simplement
connaître	koala	tout
continuellement	lieu	tortue
deux	mauvais	usine
devoir	nuit	vivre
écaille	œil	volet
empêcher	paupière	wagon
facile	pour	yack
gruyère	quand	zoo

2 **Les mots « tortue », « carapace », et « écaille » se sont cachés sous notre tortue.**
Colorie les lettres qui composent le mot « écaille », les deux mots « tortue » et les deux mots « carapace » !
Attention, tu peux lire dans ce sens : → et dans ce sens : ↓.

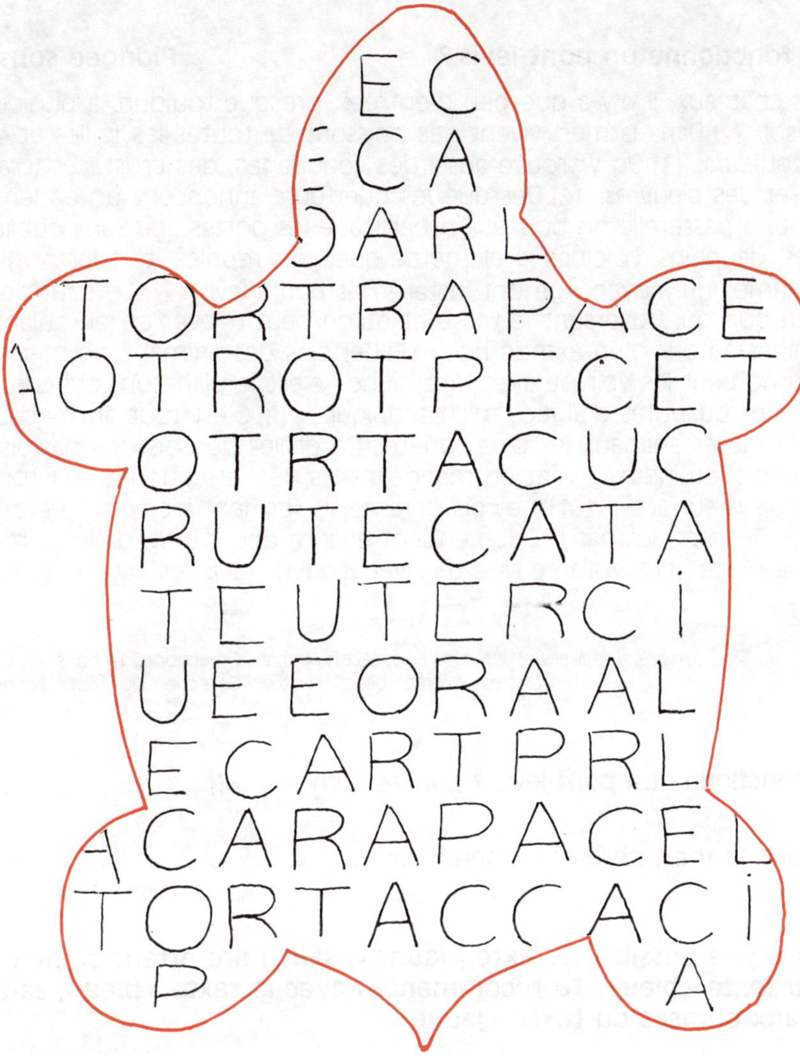

VITESSE

COMPRÉHENSION

RECHERCHE

Un pont-levis sous la mer ?

♥ **3** **Monsieur Brû est étourdi, il a mélangé deux textes et ne sait plus auquel des deux appartiennent les phrases qu'il a recopiées.**
Pour t'y retrouver, tu colories en jaune les numéros de chaque phrase appartenant au « fonctionnement du pont-levis » et en bleu, celles appartenant à la « plongée sous la mer ».
Note ensuite le numéro des phrases qui correspondent à chaque titre.

I

Comment fonctionne un pont-levis ?

II

Plongée sous la mer

[1] Dans les châteaux, il n'y a que peu d'entrées, presque toujours à plusieurs mètres du sol. [2] Dans la mer, vivent des poissons de toutes les tailles et de toutes les couleurs. [3] On y trouve aussi des coquillages, des crustacés (crabes, homards...) et des pieuvres. [4] Dès que les guetteurs annoncent un ennemi, on y grimpe par une passerelle de bois et on barricade les portes. [5] Sans oublier les mammifères (dauphins, baleines...) et même quelques reptiles (tortues). [6] Plus tard, les hommes du Moyen Age ont installé des ponts-levis. [7] Ce sont des planchers en bois qui traversent le fossé et qu'on peut relever en enroulant deux grosses chaînes autour d'un axe de bois. [8] Certains des animaux de mer sont si petits qu'on ne peut les voir qu'avec une loupe : c'est le plancton, qui contient aussi d'énormes quantités d'algues microscopiques. [9] C'est tout au fond de l'océan que sont les animaux les plus curieux. De drôles de poissons parfois aveugles, parfois lumineux, vivent en mangeant les déchets que laissent tomber les animaux de la surface. [10] Une fois dressés, ils ferment bien l'entrée du château. [11] Derrière, les gardes descendent encore une lourde grille, la herse, et repoussent la porte. [12] Voilà ce que tu vas découvrir sous les vagues qui ondulent.

D'après *Les Mers et les océans*, collectif, Nathan, Collection Questions-Réponses 1986.
Les Châteaux forts, collectif, Nathan Collection Questions-Réponses 1986.

Comment fonctionne un pont-levis ? phrases numéro : ----, ----, ----, ----, ----, ----.

Plongée sous la mer, phrases numéro : ----, ----, ----, ----, ----, ----.

♦ **4** **Tu lis le plus vite possible le texte « jaune », sans faire attention aux phrases du texte « bleu ». Tu recommences avec le texte « bleu », sans faire attention aux phrases du texte « jaune ».**

♣ **5** **Relis le texte « bleu » et barre sur le dessin (page 63) tous les animaux dont le texte ne parle pas.**

♥ **6** **Sur le dessin, un animal s'est perdu au fond de la mer... Colorie-le en rouge.**

♣ **7** **Le dessinateur est aussi étourdi que monsieur Brû, il a oublié de dessiner deux animaux dont parle le texte. Retrouve-les et note leur nom. Tu peux également les ajouter sur le dessin.**

Les deux animaux sont : ______________________ et ______________________.

Jeu - thème

COMPRÉHENSION

8 Chaque liste de mots appartient à un même thème. Note pour chaque liste le bon numéro dans la case. Attention, il y a un thème en trop.

a n°

filet - hameçon - barque - moulinet - chalutier - épuisette - bouchon -

b n°

poêle - saladier - casserole - batteur - cuillère - four - gazinière - bol -

c n°

charbon - cheminée - cuisinière - poêle - radiateur - bois - mazout -

d n°

gouache - pinceau - aquarelle - chevalet - toile - cadre -

e n°

chalet - immeuble - porte - villa - fenêtre - étage - toiture -

Thème

1 habitation

2 peinture

3 cuisine

4 bateau

5 chauffage

6 pêche

9 A chaque thème correspond une des six listes. Note le numéro du thème qui correspond à la liste. Attention, il y a un thème en trop.

Thème

1 vacances

2 mer

3 transports

4 la fête foraine

5 véhicule

6 train

a

train - voiture - avion - billet - bicyclette - moto - métro - autoroute

b

plage - soleil - camping - hôtel - bronzer - randonnée - repos

c

auto-tamponneuses - avions - barbe à papa - loterie - manège - grande roue

d

wagon - T.G.V. - autorail - gare - rails - contrôleur - composteur

e

sable - vague - écume - thon - huître - sel - corail

VITESSE | COMPRÉHENSION

Le pirate est dans l'escalier

10 **Un « pirate » est venu saborder chaque phrase.**
Découvre-le le plus vite possible et... barre-le d'un trait de crayon !
Attention, le « pirate » peut contenir un ou plusieurs mots...
Le premier est donné en exemple.

Du thé, du café ou du chocolat ?

1 Le chocolat est fait ~~à croquer~~ avec du cacao.

2 Le cacao vient d'un arbre branche des pays tropicaux, le cacaoyer.

3 Le thé et le café poussent sur des arbustes de certains pays chauds les marrons, le théier et le caféier.

4 Sur le théier, il faut cueillir les feuilles de papier les plus tendres, tout au bout de la tige. En séchant elles deviennent mais surtout brunes.

5 Le fruit du caféier ressemble, s'assemble à une petite cerise rouge qui contient deux grains verts que l'on fait griller.

D'après *Ce que nous mangeons*, collectif, Nathan, 1987

Drôles d'oiseaux !

6 Le plus grand et le plus poids lourd des oiseaux, c'est l'autruche avec ses 2,50 m de haut et ses 150 kg. Mais c'est un oiseau qui ne vole pas.

7 L'autruche court très vite, jusqu'à 60 km/h. Ses ailes sont ridiculement petites et c'est à peine perdue si elles lui servent de balancier quand elle court.

8 Une araignée, la *Néphila*, construit une toile de tente dont le diamètre atteint 1,80 m. Les habitants se servent de ces toiles comme filets de pêche.

9 Les lumières des immeubles et des phares attirent les oiseaux migrateurs se déplaçant la nuit blanche : 20 000 oiseaux se sont écrasés ainsi en une seule nuit contre une tour de 500 m aux États-Unis d'Amérique.

D'après Tison et Taylor, *Ces animaux qui nous étonnent*, Mondadori.

RECHERCHE | COMPRÉHENSION

Monsieur Brû et les tarifs de la poste

11 **Monsieur Brû rentre de vacances. Un tas de courrier s'est accumulé dans sa boîte aux lettres. Il le lit, puis décide de répondre à tous ses amis. Tu vas l'aider en cherchant, sur les tarifs de la poste reproduits ci-contre, le prix exact qu'il devra payer pour chaque envoi. Une seule réponse est juste. Attention, il faut rayer les deux réponses fausses.**

> Pour chercher la réponse :
> – fais attention à la question posée ;
> – recherche, sur le tarif de la poste, le titre de la rubrique qui correspond à la question ;
> – recherche la réponse dans cette rubrique.

1 Le prix d'une lettre ordinaire pesant 90 grammes est de { 3,70 F. / 5,60 F. / 12,30 F.

2 Le prix d'un paquet-poste au tarif général pesant 1 kg 200 est de { 10,90 F. / 15,40 F. / 22,00 F.

3 Un paquet-poste à envoyer dans le département et pesant 4 kg 951 coûte { 41,00 F. / 55,00 F. / 62,00 F.

4 Une lettre recommandée de 500 g au tarif R2 coûte { 29,00 F. / 30,80 F. / 34,30 F.

5 Pour une lettre de 43 g destinée à la Martinique, M. Brû payera { 5,80 F. / 6,10 F. / 6,40 F.

6 Pour une lettre de 44 g destinée à la Nouvelle-Calédonie, M. Brû payera { 8,50 F. / 9,10 F. / 9,70 F.

7 L'envoi d'un journal de 270 g coûtera { 3,70 F / 7,40 F / 10,90 F } à monsieur Brû.

8 Sur un paquet extra-départemental, la mention { « Urgent » / « Pli recommandé » / « Par avion » } est obligatoire.

(Suite page 68)

POUR VOS ENVOIS EN FRANCE

Principaux Tarifs

LETTRES

Étiquette ou mention « LETTRE » obligatoire au-dessus de 20 grammes pour les lettres ordinaires. Rouleaux non admis.

Jusqu'à...		20 g	50 g	100 g	250 g	500 g	1000 g	2000 g	3000 g	5000 g
Ordinaires		2,20 F	3,70 F	5,60 F	12,30 F	15,30 F	20,00 F	27,00 F	33,00 F	38,00 F
Recommandées	R1	15,90 F	17,40 F	19,30 F	26,00 F	29,00 F	33,70 F	40,70 F	46,70 F	51,70 F
	R2	17,70 F	19,20 F	21,10 F	27,80 F	30,80 F	35,50 F	42,50 F	48,50 F	53,50 F
	R3	21,20 F	22,70 F	24,60 F	31,30 F	34,30 F	39,00 F	46,00 F	52,00 F	57,00 F

PAQUETS-POSTE DEPARTEMENTAUX A DELAI GARANTI

Déposés et distribués dans le département. Possibilité d'envois groupés.

Jusqu'à...		100 g	250 g	500 g	1000 g	2000 g	3000 g	5000 g	7000 g
Ordinaires		6,20 F	13,00 F	16,00 F	21,50 F	29,00 F	36,00 F	41,00 F	55,00 F
Recommandés	R1	13,20 F	20,00 F	23,00 F	28,50 F	36,00 F	43,00 F	48,00 F	62,00 F
	R2	14,70 F	21,50 F	24,50 F	30,00 F	37,50 F	44,50 F	49,50 F	63,50 F
	R3	18,20 F	25,00 F	28,00 F	33,50 F	41,00 F	48,00 F	53,00 F	67,00 F

PAQUETS-POSTE URGENTS EXTRA-DEPARTEMENTAUX

France métropolitaine, Andorre, Monaco et Poste militaire seulement ; étiquette ou mention « URGENT » obligatoire sur chaque face où figure l'adresse du destinataire.

Jusqu'à...		100 g	250 g	500 g	1000 g	2000 g	3000 g	5000 g	7000 g
Ordinaires		6,20 F	13,00 F	16,00 F	21,50 F	29,00 F	36,00 F	41,00 F	55,00 F
Recommandés	R1	13,20 F	20,00 F	23,00 F	28,50 F	36,00 F	43,00 F	48,00 F	62,00 F
	R2	14,70 F	21,50 F	24,50 F	30,00 F	37,50 F	44,50 F	49,50 F	63,50 F
	R3	18,20 F	25,00 F	28,00 F	33,50 F	41,00 F	48,00 F	53,00 F	67,00 F

POSTE AERIENNE (DOM-TOM)

AÉROGRAMME : tarif unique 4,20 F

LETTRES* Jusqu'à...	20 g	25 g	30 g	35 g	40 g	45 g	50 g	SURTAXES LC (1) par 5 g	SURTAXES AO (2) par 25 g
Guadeloupe • Guyane franç. • Martinique • Réunion • St-Pierre-et-Miquelon • Mayotte	2,20 F	5,20 F	5,50 F	5,80 F	6,10 F	6,40 F	6,70 F	0,30 F	0,70 F
Nouvelle-Calédonie Polynésie franç. • Wallis et Futuna • Terres Australes et Antarctiques franç.	2,20 F	6,70 F	7,30 F	7,90 F	8,50 F	9,10 F	9,70 F	0,60 F	1,20 F

* Affranchissement total calculé jusqu'au poids de 50 g (taxe postale + surtaxe aérienne) sans surtaxe jusqu'à 20 g pour les LC (1).

(1) LC : Lettres, cartes postales urgentes, valeurs déclarées
(2) AO : Autres objets

PLIS NON URGENTS - JOURNAUX

expédiés par les particuliers :

Ordinaires Jusqu'à...	20 g	50 g	100 g	250 g	500 g	1000 g	2000 g	3000 g	5000 g
	2,00 F	2,70 F	3,70 F	7,40 F	10,90 F	15,40 F	22,00 F	28,00 F	35,00 F

Ne peuvent être recommandés. Rouleaux non admis.

PAQUETS-POSTE TARIF GENERAL

Obligatoirement hors du département. « Distribution par porteur spécial » : tarif urgent obligatoirement pour la France, Andorre, Monaco et la Poste militaire.

Jusqu'à...		100 g	250 g	500 g	1000 g	2000 g	3000 g	5000 g	7000 g
Ordinaires		3,70 F	7,40 F	10,90 F	15,40 F	22,00 F	28,00 F	35,00 F	45,00 F
Recommandés	R1	10,70 F	14,40 F	17,90 F	22,40 F	29,00 F	35,00 F	42,00 F	52,00 F
	R2	12,20 F	15,90 F	19,40 F	23,90 F	30,50 F	36,50 F	43,50 F	53,50 F
	R3	15,70 F	19,40 F	22,90 F	27,40 F	34,00 F	40,00 F	47,00 F	57,00 F

EMBALLAGES-PAQUETS (*)

	vente à l'unité	par étui de 25
n° 1 :	3,10 F	62,00 F
n° 2 :	4,60 F	92,00 F
n° 3 :	6,10 F	122,00 F
n° 4 :	7,70 F	154,00 F

(*) Etuis en nombre : se renseigner au guichet.

9 25 emballages-paquets n° 3 coûteront { 62,00 F / 92,00 F / 122,00 F. } à M. Brû.

COMPRÉHENSION

L'information du jour !

12

Lis attentivement chaque phrase. Puis, choisis parmi les trois propositions faites à la suite, celui des trois résumés qui convient le mieux.

1 Une jeune femme de 28 ans, originaire de l'Isère, a battu le record du monde du 100 m brasse à Sao Paulo.

- a. ☐ La jeune femme est française.
- b. ☐ La jeune femme a battu un record de natation.
- c. ☐ La jeune femme nage bien.

2 Une jolie petite maison aux volets verts, près de Chambery, a été entièrement détruite par un incendie qui s'est brusquement déclaré lundi soir vers 21 h 30.

- a. ☐ Il y a une jolie maison aux volets verts près de Chambery.
- b. ☐ Un incendie s'est déclaré.
- c. ☐ Près de Chambery, une maison a été détruite par le feu.

3 Perdu petite chatte rousse répondant au nom de Minouche, mercredi après-midi dans le quartier des Odeberts. Forte récompense à qui me la ramènera : Mme Rodin, 3, avenue des Sculpteurs, Trinquelin, tél. : 86.34.02.38.

- a. ☐ La petite chatte de Mme Rodin est rousse.
- b. ☐ Mme Rodin offre une récompense.
- c. ☐ Mme Rodin offre une récompense à qui lui ramènera la chatte qu'elle a perdue (tél. : 86.34.02.38).

4 Dimanche après-midi, vers 18 h 35, au lieu-dit « La Maladrerie », M.J. Jeannot qui labourait ses terres a été subitement pris d'un malaise qui l'a fait chuter de son tracteur acheté la veille à la foire de Vézelay.

- a. ☐ M. Jeannot a eu un malaise sur son tracteur.
- b. ☐ Le tracteur de M. Jeannot est neuf.
- c. ☐ M. Jeannot a labouré dimanche après-midi.

5 Vendredi, grande émotion à Château-Chinon où le président de la République est venu personnellement inaugurer les nouveaux bâtiments de l'école maternelle.

- a. ☐ Le président de la République est venu visiter Château-Chinon.
- b. ☐ Le président de la République a inauguré une école à Château-Chinon.
- c. ☐ Il y a une nouvelle école à Château-Chinon.

8

Les tortues et leurs secrets

VITESSE

1 Les mots soulignés dans le texte sont classés, avec d'autres mots, dans la liste alphabétique qui l'encadre.
Tu barres dans la liste les mots soulignés dans le texte.

accrocher ↓
aide ↓
algue ↓
ami
avoir
bavoir
beau
chaude
clapier
constituer
cousin
dans
dynamite
espèce
étang
feuille
friand
gâteau
hibou
ingénieur
jardinier
koala

Si vous avez élevé une tortue terrestre, vous l'avez sûrement nourrie de belles feuilles de salade bien vertes, elle en est très friande. Mais elle ne refuse pas non plus une nourriture plus consistante comme les limaces et les escargots, ce qui fait d'elle une aide précieuse pour les jardiniers ! Les tortues marines, comme leurs cousines terrestres, sont à la fois végétariennes et carnivores. Algues, crustacés, mollusques et poissons constituent leur nourriture. La tortue verte, que l'on trouve dans toutes les mers chaudes, y compris la Méditerranée, peut peser jusqu'à 450 kg. C'est avec cette espèce que l'on fait la « soupe à la tortue ». Comme on peut le voir, une seule tortue suffit à nourrir plusieurs familles !

↓ nourrir
↓ nourriture
↓ ouvrier
plusieurs
poussière
pouvoir
quand
que
refouler
refuser
seul
soupe
souper
terrestre
tortue
ustensile
végétarien
vert
wapiti
xylophone
yéti
Zorro

→ → → limace - marin - Méditerranée - mollusque - musique → →

2 Les mots soulignés du texte suivant ont été reportés, par ordre alphabétique, dans la liste placée en dessous. Mais nous en avons oublié quelques-uns.
Attention, cette fois-ci, tu barres dans le texte, les mots soulignés qui ne sont pas dans la liste.
Ensuite, tu ranges les mots oubliés par ordre alphabétique.

Les tortues sont des reptiles, et comme tous les reptiles (serpents, lézards, crocodiles) elles pondent des œufs. Ces œufs ont besoin de chaleur pour éclore. Quand l'époque de la ponte est venue, les tortues marines sortent de l'eau. Elles creusent dans le sable de grands trous où elles déposent chacune un millier d'œufs environ. Elles recouvrent soigneusement le nid et effacent toutes les traces pour éviter que ce nid soit découvert. Le soleil, en chauffant le sable permet la couvaison et au bout de six à sept semaines, des centaines de bébés tortues sortent des trous et, de toute la vitesse de leurs petites pattes, s'efforcent de gagner la mer afin d'échapper aux oiseaux qui ont attendu l'éclosion pour faire un bon repas.

D'après G. Barthélemy, *La mer et ses secrets*, Nathan.

abricot - afin - bébé - bout - château - creuser - déposer - épaule - être - faire - gant - habit - insecte - jouet - kilo - lézard - millier - mouiller - niche - œuf - ou - où - pondre - ponte - permettre - quoi - répit - serpentin - soleil - sortir - tracer - urgent - vider - whisky - xylophone - yaourt - zéro -

Les mots oubliés sont : ______________________________

____

COMPRÉHENSION

Les demi-frères

3 Trouve les mots qui ont presque le même sens dans les listes a et b. Souligne-les. Le premier est donné en exemple.

	a	b
1	manger - dormir - jouer - chanter - boire - tricher -	parler - rire - marcher - regarder - s'amuser - bouder -
2	mon ami - ma voiture - mon chalet - mon autobus - ma chemise - ma mobylette -	mon livre - ma cousine - mon chat - mon automobile - ma robe - mon vélo
3	le guidon - les pédales - le vélo - la selle - le porte-bagages -	la bicyclette - le cadre - la chaîne - la sonnette - les freins -
4	un plombier - un électricien - un instituteur - un boulanger - un pâtissier - un balayeur -	un menuisier - un maçon - une épicière - un boucher - un maître - un ingénieur -
5	la neige - l'orage - le vent - la grêle - la pluie - un baromètre -	du verglas - l'averse - le brouillard - mon imperméable - la météo - un nuage -
6	une jolie maison - un beau village - une grande fille - une agréable promenade - une grosse bête -	un enfant affectueux - une villa immense - un animal énorme - un exercice facile - une pluie battante -

4 **Trouve les mots ou expressions qui ont presque le même sens dans la liste c et dans la liste d. Souligne-les.**

	c	d
1	dans une heure - dans un livre - dans l'école - dans la rue -	dehors - là-bas - demain - déjà - des fois -
2	chaque année - chaque jour - chaque enfant - chaque fois - chaque instant	tous les dimanches - toute la nuit - tous les ans - tous les samedis - toute la famille -
3	à midi - à Paris - à l'école - à pied - à cheval - à mi-chemin -	en voiture - en course - en avion - en classe - en train - en route ! -
4	c'est compliqué - c'est joli - c'est raté - c'est dommage - c'est haut -	c'est fatigant - c'est agaçant - c'est formidable - c'est difficile - c'est fini -
5	quel temps ! - quelle affaire ! - quelle histoire ! - quelle joie ! - quel courage ! -	quel toupet ! - quel bonheur ! - quelle folie ! - quel caractère ! - quelle chance ! -

Le corps des mots...

VITESSE

5 **Cette nuit une petite souris est venue grignoter mes phrases, il n'en reste plus que la moitié ! Pourtant, on arrive encore à lire...**
Essaye de retrouver, le plus vite possible, les phrases qui sont rigoureusement identiques. Note leurs numéros en dessous.

1 En un mois, les cheveux poussent d'environ un centimètre.
2 Tout le monde pleure de temps en temps, même les adultes.
3 Le plus petit os du squelette se trouve au fond de l'oreille.
4 La peau protège l'intérieur de notre corps.
5 En un mois, les cheveux poussent d'environ un centimètre.
6 Tout le monde chante de temps en temps, même les adultes.
7 En un mois, les ongles poussent d'environ un demi-centimètre.
8 La peau est souple, très mince et pourtant très résistante.
9 Notre squelette contient plus de 200 os.
10 Le plus grand os du squelette se trouve dans la jambe.
11 Personne au monde n'est exactement pareil que nous.
12 En un mois, les ongles poussent d'environ un demi-centimètre.
13 Tout le monde pleure de temps en temps, même les adultes.
14 La plupart des os de la tête sont soudés.

15 Tout le monde chante de temps à autre, même les adultes.
16 Le plus petit os du squelette se trouve au fond de l'oreille.
17 Les os du crâne protègent le cerveau.
18 En un mois, les ondes parcourent des milliards de kilomètres.
19 Tout le monde pleure de temps à autre, même les adultes.
20 Notre squelette contient plus de 200 os.

Les phrases rigoureusement identiques sont :

---- et ----, ---- et ----, ---- et ----, ---- et ----, ---- et ----.

6

Cette fois-ci, la petite souris y est allée un peu fort ! Elle a carrément grignoté le bas de toutes les phrases...
Cherche, le plus vite possible, les phrases qui sont rigoureusement identiques. Note leurs numéros en dessous.

1 Le bébé reste neuf mois dans le ventre de sa mère.
2 Enfants de la même mère, les jumeaux naissent l'un après l'autre.
3 Dans la couveuse, le bébé est protégé comme dans le ventre de sa mère.
4 Un bébé pèse environ trois kilos à la naissance.
5 Le bébé reste parfois moins de neuf mois dans le ventre de sa mère.
6 Tous les bébés ne pèsent pas trois kilos à la naissance.
7 Quand le bébé n'est pas assez gros, on le met parfois en couveuse.
8 Dans la couveuse, le bébé a chaud comme dans le ventre de sa mère.
9 Quand un bébé n'est pas très gros, on le met parfois en couveuse.
10 Un bébé pèse environ trois kilos à la naissance.
11 Quand le bébé n'est pas assez gros, on le met parfois en couveuse.
12 Tous les bébés ne pèsent pas trois kilos à la naissance.
13 Enfants de la même mère, les jumeaux naissent l'un après l'autre.
14 Quand le bébé est assez gros, on le sort de la couveuse.
15 Le bébé reste neuf mois dans le ventre de sa mère.

Les phrases rigoureusement identiques sont :

---- et ----, ---- et ----, ---- et ----, ---- et ----, ---- et ----.

D'après *Notre corps*, Nathan, 1987.

VITESSE COMPRÉHENSION

Mamie et Virginie au cinéma

Résumé : Virginie et sa grand-mère sont allées au cinéma. Le film commençait à trois heures précises, mais Mamie a eu tellement de mal pour garer sa voiture qu'elles sont arrivées en retard. Du coup, lorsqu'elles nous ont raconté leur histoire, elles ont oublié la moitié des mots !

♦ 7 **Remplace vite chaque « blanc » par l'un des deux mots situés de chaque côté du texte. Souligne le mot juste.**

	À trois heures et huit minutes, nous arrivons devant la caisse du cinéma.	
	« Il ne reste des places qu'au premier rang. Ça ne	
gêne	vous ______ pas ? » « Non », dit Mamie, « Tant pis. »	peine
	La caissière sourit. « Dépêchez-vous ! Ça ne va pas tarder à commencer ! »	
	La grande salle de l'Impérial est tout en bas des	
vous	escaliers. ______ les dévalons quatre à quatre.	Nous
	L'ouvreuse déchire nos billets en chuchotant : « Ça a	
suit	commencé il y a quinze secondes. » Elle nous ______	montre
	le chemin avec sa petite lampe. Nous atteignons enfin nos deux fauteuils. Ouf ! Nous nous installons en faisant	
attention	______ de ne pas gêner les autres spectateurs.	exprès
	C'est la première fois que je suis assise au premier rang	
cirque	dans un ______ . On a le nez presque collé à l'écran.	cinéma
	Les personnages sont encore plus grands. Mais il y a aussi	
inconvénient	un ______ : on est obligé de dresser sa tête vers	avantage
	l'arrière pour voir jusqu'en haut de l'écran. Et, au bout d'un moment, c'est très fatigant ! Mamie frotte sa nuque. Mon cou devient tout raide...	
phares	Les ______ se rallument. La projection se termine. Ça	lumières
	a duré une heure et demie. « Tu n'as pas mal au cou, Virginie ? » me demande Mamie. « Oh oui ! Je	
veux	ne ______ plus bouger. J'ai la tête complètement	peux
	coincée ! » « Moi aussi ! » répond Mamie « Je ne peux plus faire revenir ma tête en avant ! Ce doit être un torticolis ! » Tout cela est très embêtant car nous sommes obligées de	
en bas	regarder ______ sans arrêt. Ce n'est pas très pratique	en l'air
	pour remonter les escaliers, et dans la rue non plus. Les gens en nous voyant passer, se demandent s'il y a quelque chose dans le ciel à regarder. Ils penchent la tête en	
faire	arrière, ne voient rien. Ils doivent se ______ qu'on	dire
	n'est pas très bien !	

♥ 8 **Cette fois-ci, Virginie et sa grand-mère sont de plus en plus « tête en l'air », elles n'ont même pas laissé la place des mots dans le texte ! Tu dois mettre l'un des deux mots situés de chaque côté du texte à la place qui lui convient. Tu soulignes le mot juste et tu traces une barre là où il doit se trouver. Le premier est donné en exemple.**

<u>petite</u>	« Tu crois que ça guérira ? » « J'espère, ma / chérie », me	jolie
	répond Mamie. Mais conduire la tête comme ça, même à deux kilomètres à l'heure, c'est dangereux ! » À un feu	
Tristement	rouge, le gendarme nous regarde avec des gros yeux. Au	Heureusement
	feu vert, il repart sur sa moto, sans dire un mot. Est-ce qu'il croit qu'on s'amuse ?	

	Quand nous arrivons à la maison, maman se met à rire :	
parfois	« Qu'avez-vous à regarder en l'air ? Vous espérez trouver	sans arrêt
	Robin des Bois, caché dans un des platanes du quartier ? »	
du tout	Puis, elle ne rit plus, « Mais, qu'est-ce qu'il vous arrive ? »	du mou
	Mamie est très fatiguée. J'explique à Maman : « Nous	
à l'école	sommes arrivées en retard. Il ne restait que des places au	au cinéma
	premier rang. Et voilà ! À force de regarder vers le haut,	
	nous sommes restées coincées ! Comment on va faire	
	maintenant ? »	
mite	Le médecin, que maman a appelé pour nous consulter,	vite
	dit : « Ce n'est pas grave, elles ont dû attraper un peu	
elles doivent	froid au cinéma. Il n'y a rien de précis à faire : seulement	elles boivent
	rester une semaine au chaud, sans rien faire. Leur cou se	
bonne	remettra en forme. C'est sûr ! »	mauvaise
	En attendant, pendant une semaine, Mamie et moi, on ne	
	pourra plus aller au cinéma. Sauf si on se met au premier	
un nouveau	rang. Mais ça ferait tout recommencer ! Nous serions	à nouveau
	coincées ! On ne guérirait jamais ! Les gens nous	
	prendraient pour des folles. Alors nous restons à la	
enfin	maison. Quand nous pourrons bouger notre cou, nous	envie
	irons voir « Tarzan ». Il passe au cinéma Impérial. C'est écrit	
	dans le Journal.	

D'après Chantal Crovi, « Mamie et moi on va au cinéma », in *Mikado* n° 35, sept 86, Editions Milan.

♥ **9** **Il te reste encore un peu de temps ? Alors amuse-toi à relire le texte en ajoutant les mots que tu n'as pas soulignés.**
Avec quelques « mots-pirates », tu peux parfois faire de drôles d'histoires...

Virginie et le journal

COMPRÉHENSION

VITESSE

♥ **10** **Les phrases d'un article de journal se sont mêlées au résumé de l'histoire de Virginie.**
Reporte les « numéros des phrases de Virginie » et les « numéros de l'article » en dessous du texte.

1. Virginie et sa grand-mère ont projeté d'aller au cinéma. 2. Malheureusement, elles arrivent en retard et il ne reste plus de place qu'au premier rang. 3. Ce sont de formidables chasseurs, forts et rapides. 4. Le nez presque collé à l'écran, elles

doivent lever la tête pour bien voir, ce qui est très fatigant. 5. Ils sont carnivores et tuent pour se nourrir des poissons, des phoques et même des baleines. 6. Au bout d'une heure et demie de film, elles ont tellement mal au cou qu'elles ne peuvent plus baisser la tête. 7. On parle parfois des requins mangeurs d'hommes. 8. À leur retour, la maman de Virginie s'inquiète. 9. Elle appelle le médecin. 10. Ils existent vraiment, mais ils sont rares. 11. Celui-ci rassure tout le monde. 12. « Ce n'est pas grave, une semaine de repos et Virginie pourra retourner au cinéma avec sa grand-mère ! » 13. Et si certains sont très dangereux comme le requin blanc, d'autres, comme le requin baleine, ne le sont pas du tout.

a. **« Numéros de Virginie » :** ----- / ----- / ----- / ----- / ----- / ----- / ----- / -----.

b. **« Numéros de l'article » :** ----- / ----- / ----- / ----- / -----.

♦ 11

Relis, le plus vite possible, les unes après les autres, les « phrases de l'article » sans faire attention à l'histoire de Virginie. Tu peux t'aider en coloriant dans le texte les numéros des « phrases de l'article ».

♥ 12

Maintenant que tu sais de quoi parle l'article, retrouve son titre exact et coche-le :

a. Un requin pas comme les autres. ☐

b. Comment apprivoiser un requin. ☐

c. Tous les requins sont-ils féroces ? ☐

♠ MÉMOIRE

Tortues, bébés et bébés tortues !

13

Relis le texte « Les tortues et leurs secrets », pages 69-70, et les phrases de l'exercice « Le corps des mots », page 71.
Puis, sans revenir en arrière, lis les phrases suivantes et entoure les bonnes réponses.

1 On prépare de la (sauce / soupe / salade) à la tortue avec les (menthes / algues / tortues) vertes.

2 Les tortues mangent des (escargots / mouches / taupes) en plus de la salade (jaune / verte / rouge) dont elles sont friandes.

3 La tortue {bleue / jaune / verte} que l'on trouve dans les mers {froides / tempérées / chaudes} peut peser jusqu'à quelque {300. / 350 / 450} kg !

---

4 Les tortues {souterraines / aériennes / marines} comme leurs cousines terrestres sont à la fois végétariennes et {insectivores. / omnivores. / carnivores.}

---

5 Les tortues sont des {reptiles / batraciens / mammifères} et comme tous les {mammifères / reptiles / batraciens} elles {mangent / cassent / pondent} des œufs.

---

6 Les tortues {mangent / cassent / pondent} leurs œufs dans le sable par {dizaines. / centaines. / milliers.}

---

7 Les {crocodiles / serpents / tortues} recouvrent soigneusement leurs nids de {feuilles / terre / sable} puis effacent toutes les {traces / issues / erreurs} pour éviter qu'ils soient découverts.

---

8 Le soleil en chauffant le sable permet {la ponte / la couvaison / l'éclosion} et au bout de {cinq à six / six à sept / sept à huit} {mois, / jours, / semaines,} des {dizaines / centaines / milliers} de bébés tortues sortent des trous et s'efforcent, le plus {lentement / doucement / vite} qu'ils peuvent, {d'attraper / d'échapper / d'empêcher} aux {serpents / oiseaux / caïmans} qui ont attendu {l'éclosion / la ponte / la couvaison} pour faire un bon repas.

---

9 Le bébé reste {5 / 7 / 9} mois dans le ventre de sa mère ; à {l'éclosion, / la naissance / la couvaison,} il pèse environ {1 / 3 / 5} {grammes. / kilogrammes. / tonnes.} S'il ne fait pas tout à fait le poids, on le met alors en {couveuse. / nourrice. / maternelle.} Bien sûr, c'est du « bébé humain » qu'il s'agit cette fois-ci !

9

VITESSE ♦ COMPRÉHENSION ♥

Les jouets cachés

♦ **1** **Observe attentivement l'image ci-dessous.**
Puis, entoure, le plus vite possible, dans la liste qui suit, tous les noms de jeux et de jouets que tu as vus. Attention, ils peuvent être répétés plusieurs fois.

↓ 1 un bateau pneumatique
↓ 2 une petite voiture
↓ 3 une balle de ping-pong
4 une poupée de chiffon
5 un jeu de cartes
6 un train électrique
7 un camion à benne
8 un ours en peluche
9 une boîte à musique
10 des patins à roulettes

↓ 11 un tricycle rouge
↓ 12 une maison de poupées
↓ 13 une dînette en plastique
14 une petite voiture
15 un landau de poupées
16 une boîte de Lego
17 une poupée mannequin
18 un ours en peluche
19 un ballon de rugby
20 un roi de France

↓ 21 une maquette de bateau
↓ 22 un ballon en plastique
↓ 23 un jeu de petits chevaux
24 un hélicoptère en Lego
25 un ballon en plastique
26 un ours en peluche
27 un jeu de dames
28 un camion à benne
29 un jeu de cartes
30 un ours en peluche

♥ **2** **Un intrus s'est glissé dans la liste ci-dessus, raye-le.**

3 Dans chaque ligne, il y a un intrus. Pour le retrouver, observe bien le début et la fin de chaque mot. Souligne chaque intrus. Le premier est donné en exemple.

→ **1** tailleur - ramoneur - coiffeur - <u>plombier</u> - patineur - voyageur -

→ **2** tranchante - tranquille - transistor - travailler - transpirer - transporter -

→ **3** gonflable - réparable - admirable - invivable - invisible - perméable - effaçable -

4 moulin - poussin - cousin - boudin - coussin - bouquin - malin - gourdin -

5 chat - chaleur - chasseur - charmeur - chahuteur -

6 attraper - attacher - attirer - attaquer - attrister - attendrir - attrouper -

4 Ce gourmand de chien a grignoté mon dictionnaire. Mais il y a trois mots qu'il a du mal à digérer : « chien », « aboie » et « niche ».
Ces mots peuvent apparaître plusieurs fois, colorie-les pour les retrouver facilement. Attention, tu peux lire dans ce sens → et dans ce sens ↓.

COMPRÉHENSION

Les frères ennemis

5 Dans chaque liste il faut que tu cherches le contraire du mot écrit en caractères gras.
Souligne ce « frère ennemi ». La première liste est donnée en exemple.

a	b	c	d	e	f
↓ brutal	↓ heureux	↓ pesant	↓ capable	↓ ville	↓ sachet
↓ **bouillant**	↓ envieux	↓ ardent	↓ comptable	↓ vider	↓ souche
↓ spécial	↓ **peureux**	↓ présent	↓ curable	↓ vigne	↓ **humide**
piquant	honteux	agaçant	**innocent**	vingt	sac
glacial	coûteux	payant	croyable	vide	sèche
bruyant	courageux	**absent**	classable	viser	sept
original	affreux	perdant	coupable	**plein**	sève

g	h	i	j	k
↓ **sombre**	↓ dru	↓ bras	↓ fille	↓ gant
↓ craie	↓ dune	↓ **haut**	↓ frange	↓ **petit**
↓ chair	↓ dur	↓ brasse	↓ agile	↓ grange
clair	pur	base	**solide**	gérant
croire	sur	bal	habile	grand
clan	**tendre**	bac	argile	garde
chaise	mur	bas	fragile	grade

6 Deux mots contraires se sont glissés dans chaque liste. Il faut vite les repérer et les souligner avant que ces « frères ennemis » ne se disputent ! Attention, cette fois-ci, aucun n'a été écrit en gras. La première liste est donnée en exemple.

a → → →
calme - généreux - gourmand - boudeur - courageux - espiègle - gentil - paresseux - honnête - agile - poli - menteur

b → → →
loin - dedans - au-dessus - sur - lointain - en haut - après - avec - puis - dehors - ensuite

c → → →
partir - choisir - ralentir - louer - porter - sortir - accélérer - aller - déguerpir - alourdir - saler

d → → →
dur - râpeux - léger - élégant - poussiéreux - bruyant - solide - sucré - fort - brillant - rond - silencieux

e → → →
lentement - souvent - joliment - durement - poliment - gentiment - bêtement - rapidement - inutilement - légèrement

(Suite page 80)

f → → →
déboiser - débuter - décrocher - enrager - filer - décourager - défiler - boiter - buter - rigoler - dégringoler - accrocher

MÉMOIRE

Les mots en mémoire

7 **Lis attentivement la première phrase. Reporte-toi à l'exercice « Les mots en mémoire » page 82. Recommence avec chacune des phrases suivantes.**

1 Il existe environ 500 espèces de plantes carnivores dans le monde entier.

2 L'Américain Neil Armstrong a été le premier homme à marcher sur la Lune.

3 La langue la plus parlée au monde est le chinois.

4 Le martinet peut voler à 160 km/h : c'est l'animal le plus rapide.

COMPRÉHENSION MÉMOIRE

Le lait en mémoire

8 **Lis attentivement la première phrase puis passe en page 83. Recommence avec la seconde et ainsi de suite.**

1 Le lait contient des microbes qui le font « tourner », il forme alors des grumeaux : on dit qu'il caille.

2 Dans les laiteries, pour détruire ces microbes, on chauffe le lait, puis on le refroidit rapidement : on dit que le lait est pasteurisé.

3 On peut garder le lait pasteurisé quelques jours.

4 Si l'on chauffe le lait beaucoup plus fort, il est stérilisé et n'a plus tout à fait le même goût.

5 On peut conserver le lait stérilisé deux ou trois mois.

Qui cause ? Qui ose ?

COMPRÉHENSION

9 **Quelqu'un parle, mais je ne sais qui ! Mais qui ose donc parler ainsi ? Chacune de ces phrases a pourtant été prononcée par quelqu'un... Retrouve qui parle.**
Note, au bout de chaque phrase, la lettre attribuée à celui qui l'a prononcée. Attention, il y a toujours un bavard de trop !

I. Quelle affaire !

1 « Nous avons mis fin à une affaire de trafic de faux billets. »

2 « Rangez vos affaires et mettez-vous en rang. »

3 « Les affaires vont mal, nous avons de moins en moins de clients. »

a L'institutrice.
b Le contrôleur de train.
c Le commerçant.
d Le commissaire.

II. Circulez !

1 « Circulez, s'il vous plaît ! »

2 « De mon temps, il n'y avait pas tant de circulation. »

3 « Je vais vous donner un traitement pour vos problèmes de circulation. »

4 « L'importante circulation du week-end de Pâques a été la cause de nombreux accidents de la route. »

a Le bébé.
b Le grand-père.
c L'agent de police.
d Le journaliste.
e Le médecin.

III. La chambre.

1 « J'ai perdu du temps en changeant ma chambre à air. »

2 « Toute ma viande est en chambre froide. »

3 « Le loyer de cette chambre est de 500 F, charges comprises. »

4 « Toutes nos chambres à coucher sont en chêne massif. »

a Le propriétaire.
b Le cycliste.
c L'aviateur.
d Le boucher.
e L'ébéniste.

MÉMOIRE

Les mots en mémoire

10 **Parmi les trois premières phrases qui te sont proposées, coche la phrase qui est exactement pareille à celle que tu viens de lire dans l'exercice « Les mots en mémoire » page 80.**
Recommence avec chacune des phrases suivantes.

1
- Il existe beaucoup d'espèces de plantes carnivores dans le monde. a ☐
- Il existe environ 500 espèces de plantes carnivores dans le monde entier. b ☐
- Il existe environ 500 espèces de plantes dans le monde entier. c ☐

2
- L'Américain Neil Armstrong a été le premier homme à marcher sur la Lune. a ☐
- Le Soviétique Neil Armstrong a été le premier homme à marcher sur la Lune. b ☐
- L'Américain Neil Armstrong a été le premier homme à marcher sur Vénus. c ☐

3
- La langue parlée dans le monde entier est le chinois. a ☐
- La langue la moins parlée au monde est le chinois. b ☐
- La langue la plus parlée au monde est le chinois. c ☐

4
- Le martinet vole à plus de 160 km/h : c'est l'animal le plus rapide. a ☐
- Le martinet vole parfois à 160 km/h : c'est l'oiseau le plus rapide. b ☐
- Le martinet peut voler à 160 km/h : c'est l'animal le plus rapide. c ☐

RECHERCHE

VITESSE

Un mercredi pluvieux

11 **Observe bien l'image reproduite page 77.**
Puis lis le texte en soulignant (à partir de la ligne 4) :
– ce qui est faux,
– ce qui ne se trouve pas sur l'image.

Olivier a invité son copain Florent à passer la journée de mercredi chez lui. Ils avaient prévu des tas de choses, malheureusement il pleut depuis le matin ! Ils ont profité d'une éclaircie en début d'après-midi pour aller jouer dehors mais il s'est remis à pleuvoir et ils ont dû rentrer. Ils ont ôté tous les deux leurs bottes pour ne pas salir le sol et ont mis leur imperméable au portemanteau que le père d'Olivier a installé dans la chambre. Comme la pièce n'est pas très grande, ils ont fait un peu de place en empilant deux chaises l'une sur l'autre. Pendant qu'Olivier dessine, assis à son bureau, Florent s'est confortablement installé dans un fauteuil pour lire une bande dessinée tout en écoutant de la musique. Il ne sait pas encore quelle bande dessinée choisir. Florent doit repartir à sept heures, ce qui leur laisse une heure pour ranger tous les jouets qu'ils ont déballés : les petites voitures et le camion, le train électrique, la boîte de Lego, le ballon de rugby, le jeu de cartes avec lequel ils ont joué à la bataille, les crayons de couleur, la poupée et l'ours en peluche. Olivier ne va peut-être pas démonter le bateau qu'il a construit avec Florent : il est vraiment trop beau ! Il ne faudra pas non plus oublier d'effacer la maison, le bonhomme et le soleil que Florent a dessinés au tableau. Il faudra également penser à éteindre la lampe de bureau en sortant.

COMPRÉHENSION — MÉMOIRE

Le lait en mémoire

12

Parmi les trois premières phrases a, b, c, quelle est la phrase qui a le sens le plus proche de celle que tu viens de lire dans l'exercice « Le lait en mémoire » page 80 ? Coche la bonne réponse.
Retourne à la page 80 et recommence avec la seconde phrase, etc.

1

a Les microbes que contient le lait le font refroidir.
b Le lait que contiennent les microbes les font « tourner ».
c Les microbes que contient le lait le font cailler.

2

a En pasteurisant le lait, on détruit ces microbes.
b Le lait froid est pasteurisé.
c On tue les microbes dans les laiteries.

3

a On pasteurise le lait quelques jours.
b La pasteurisation permet de garder le lait quelques jours.
c Le lait pasteurisé est bon si l'on en boit de temps en temps.

4

a Le lait stérilisé n'a plus de goût.
b Il faut changer le goût du lait pour le stériliser.
c La stérilisation change le goût du lait.

(Suite page 84)

5

a On peut faire des conserves de lait stérilisé.
b Le lait stérilisé est mis en conserve pendant deux ou trois mois.
c Le lait stérilisé se garde deux ou trois mois.

D'après *Ce que nous mangeons*, collectif, Collection Questions-Réponses, Nathan, 1987.

COMPRÉHENSION

Les mots échappés

13 **Quatre mots se sont échappés de ce texte. Retrouve leur place en faisant bien attention au sens et à l'orthographe.
Trace une barre à l'endroit de la phrase où doit venir le mot.
Puis précise son numéro. Le premier est donné en exemple.**

Madame Pilou

Madame Pilou est une bonne |3 vieille aux joues roses et aux cheveux gris ; elle habite avec son chat dans un petit appartement sans balcon, c'est pourquoi tous les matins, après s'être habillée, elle emmène Minou faire un tour dans le quartier, au bout d'une ficelle.

1 Minou — 3 petite
2 coiffée, — 4 sombre

14 **Dans ces deux recettes de tartines, plusieurs mots se sont échappés. Si tu veux être sûr de te régaler, il vaut mieux que la recette soit bien écrite ! Pour ce faire, replace au bon endroit les mots situés sous les recettes.**

Tartine au beurre de chocolat

Râper deux carrés de chocolat. Mélanger avec deux cuillères de beurre. Tartiner sur du pain.

5 à café — 7 viennois
6 noir — 8 fondu

Tartine aux noix, gruyère et endives

Beurrer une grande tartine de pain. Y poser quelques lamelles de gruyère, deux noix coupées en morceaux ainsi qu'une feuille d'endive.

9 bien lavée — 10 fraîches — 11 belle

10 Bilan

La construction de la tour Eiffel

VITESSE

1 **Les mots soulignés dans le texte sont dans les trois listes qui suivent.**
Chaque liste est classée par ordre alphabétique.
Barre, parmi ces trois listes, les mots du texte qui ont été soulignés.
Essaye d'aller le plus vite possible.
Tu peux, pour cela, relever les mots soulignés sans lire tout le texte.

Afin de célébrer le centenaire de la Révolution française, le gouvernement lance en 1886 un concours pour la construction d'une tour de 300 m qui puisse étonner le monde entier.
Des centaines de projets sont proposés par des ingénieurs. C'est Gustave Eiffel qui remportera le concours en proposant de construire une tour de fer.
Les premiers travaux commencent en janvier 1887. Deux cent cinquante ouvriers participent au chantier. Ils travaillent douze heures par jour dans des conditions très difficiles, au-dessus du vide, dans le froid et le vent.
Le premier étage est achevé en avril 1888, le deuxième en août de la même année et le troisième le 30 mars 1889.
La tour Eiffel est inaugurée dès le lendemain. Il aura fallu deux ans, deux mois et cinq jours pour construire cette « géante de fer ».

a

↓ afin
↓ au-delà
↓ bus
douze
entente
fer
fier
gant
horaire
jouer
journée
→ → →

↓ lancer
↓ même
↓ mime
ouvrir
que
tour
trou
vendre
vent
wagon
zèbre

b

↓ achever
↓ attirer
↓ au-dessus
bébé
biche
célèbre
célébrer
douceur
entendre
falloir
gérant
→ → →

↓ ingénieur
↓ koala
↓ lancement
mêler
ours
ouvrier
poudre
qui
révolte
trouver
vendredi

c

↓ acheter
↓ bateau
↓ conduire
construction
douche
entier
entrée
fâcher
géant
humeur
jour
→ → →

↓ loup
↓ lumière
↓ mèche
pouvoir
quoi
révolution
situation
tailler
travail
vanter
zeste

Les « mots-étiquette » de la tour

COMPRÉHENSION

RECHERCHE

♥ **2** **Voici sept listes de mots ; à chaque liste correspond un « mot-étiquette » placé dans la colonne de droite.**
Note, à côté de chaque « mot-étiquette », le numéro de la liste qui lui correspond. Attention, il y a un intrus parmi les « mots-étiquette ».

Listes

1 Loire, Seine, ruisseau, torrent, fleuve, canal.
2 ingénieur, assureur, terrassier, couvreur, ouvrier, architecte.
3 creuser, clouer, construire, raboter, visser, scier, fabriquer.
4 Statue de la Liberté, tour de Pise, Arc de triomphe, tour Eiffel.
5 Géraldine, Paul, Christine, Philippe, Gustave, Gérard, Paulette.
6 marteau, truelle, tournevis, étau, râpe, burin, rabot.
7 Dijon, Rouen, Paris, Orléans, Lille, Lyon, Marseille, Châlons.

Mots-étiquette

a. ☐ métiers
b. ☐ outils
c. ☐ prénoms
d. ☐ animaux
e. ☐ travailler
f. ☐ monuments
g. ☐ cours d'eau
h. ☐ villes

♥ **3** **Quel est le « mot-étiquette » intrus ?**

L'intrus est : ________________.

♥ **4** **Dans les listes a, b, c de l'exercice précédent page 85, trouve cinq mots qui correspondent au « mot-étiquette » intrus que tu viens de relever dans l'exercice 3.**

Les cinq mots sont : __________, __________, __________, __________, __________.

♣ **5** **Il y a, dans les listes 1 à 7 de l'exercice 2, sept mots qui commencent par « c ». Lesquels ?**
Attention aux majuscules !

Les sept mots sont : __________, __________, __________, __________, __________, __________, __________.

VITESSE MÉMOIRE

Phrases en vrac...

6 **Dans ces phrases toutes tourneboulées, retrouve le plus vite possible, l'information qui correspond à l'histoire de la tour Eiffel en prenant un mot ou un groupe de mots dans chaque colonne.**
Pour faciliter la relecture, tu peux colorier chaque phrase.

	Gustave	éléphant	sera	né	à Dijon	en 2001.
1	Germaine	Eiffel	est	de	à pied	en 1832.
	Gédéon	effet	été	fée	à cheval	en 3 mois.

	La	trou	Eiffel	pèse	9 700 tonnes.
2	Le	tour	Élysée	mesure	9 700 ans.
	Le	cour	de France	parle	9 700 kilomètres.

	Il	faut	45 cm	pour	marcher	les	1 710 marches	de	la tour Eiffil.
3	Il	fait	45 mn	par	monter	ma	1 710 heures	pour	la tour Eiffel.
	Il	donne	45 kg	port	moudre	mes	1 710 ouvriers	avec	la tour de Fel.

	Le	tour Eiffel	a faim	d'un coup	de moineau	toutes les heures.
4	Les	tour de manège	a besoin	d'un corps	de pinceau	tous les 7 ans.
	La	tour de piste	a soif	d'un coin	de pied	tous les enfants.

	Gustave Eiffel	avancent	de nombreux	fond	sur	le sac	entier.
5	La tour Eiffel	a construit	de fer	ponts	à	le sel	entrez.
	Le pont Eiffel	a dormi	de loin	long	dans	le monde	entrons.

7 **Dans chacun des groupes de phrases qui suivent, il y a une phrase exactement pareille aux phrases justes que tu viens de découvrir dans l'exercice précédent.**
Lis, le plus vite possible, les trois phrases du groupe 1 placé ci-dessous. Coche la phrase identique à la phrase juste du groupe 1 de l'exercice précédent. Recommence avec le groupe 2, et ainsi de suite.

1
- ☐ **a** Gustave Eiffel est mort à Dijon en 1832.
- ☐ **b** Gustave Eiffel est né à Dijon en 1832.
- ☐ **c** Germaine Eiffel est née à Dijon en 1832.

2
- ☐ **a** La tour Eiffel pèse environ 9 700 tonnes.
- ☐ **b** La tour Eiffel pèse 9 700 kilogrammes.
- ☐ **c** La tour Eiffel pèse 9 700 tonnes.

3
- ☐ **a** Il faut 45 mn pour monter les 1 710 marches de la tour Eiffel.
- ☐ **b** Il faut 45 kg pour monter les 1 710 marches de la tour Eiffel.
- ☐ **c** Il faut 45 °C pour monter les 1 710 marches de la tour Eiffel.

(Suite page 88)

4
☐ **a** La tour Eiffel a besoin d'un coup de neuf tous les 7 ans.
☐ **b** La tour Eiffel a besoin d'un coup de main tous les 7 ans.
☐ **c** La tour Eiffel a besoin d'un coup de pinceau tous les 7 ans.

5
☐ **a** Gustave Eiffel a construit de jolis ponts dans le monde entier.
☐ **b** Gustave Eiffel a construit de nombreux ponts dans le monde entier.
☐ **c** Gustave Eiffel a consolidé de nombreux ponts dans le monde entier.

Musée d'Orsay, Paris

COMPRÉHENSION

Qui dit quoi ?

8 **Cinq personnages sont réunis et discutent sur le Champ-de-Mars (jardin parisien où s'élève la tour Eiffel). Il y a là :**

a. un ouvrier, b. un peintre, c. la tour Eiffel, d. un Parisien, e. Gustave Eiffel.

Je me souviens de leur conversation, mais je ne me rappelle plus qui disait quoi ! Retrouve la personne qui parle.
Note la lettre qui correspond au personnage qui prononce la phrase.

1 ☐ « Un dernier coup de pinceau et rendez-vous dans sept ans ! »
2 ☐ « Ma ville a plutôt fière allure avec cette tour géante ! »
3 ☐ « Il ne m'a pas trop mal réussie, ce cher Gustave ! »
4 ☐ « J'ai réussi un chef-d'œuvre en concevant cette tour de 300 m ! »
5 ☐ « Elle nous aura fait travailler dur, cette sacrée tour ! »

9 **Cette fois-ci, je me souviens des personnages qui parlaient, mais je ne me rappelle plus où ils se trouvaient lorsque je les ai entendus.**
Fais bien attention aux personnages, à ce qu'ils font et à ce qu'ils disent et essaye de déterminer où ils se trouvent lorsqu'ils sont en train de parler. Note la bonne réponse, dans la case prévue à cet effet.

1 ☐ « Il reste encore beaucoup de marches »,

dit un visiteur
- a. → en bas de la tour Eiffel.
- b. → dans la tour Eiffel.
- c. → en haut de la tour Eiffel.

2 ☐ « Je ne monte pas plus haut, j'ai le vertige »,

dit un autre visiteur
- a. → au sommet de la tour Eiffel.
- b. → au pied de la tour Eiffel.
- c. → au 1er étage de la tour Eiffel.

3 ☐ « Je retourne dans ma ville natale demain »,

dit Gustave Eiffel quand il est à
- a. → Dijon.
- b. → Paris.

(Suite page 90)

4 ☐ « Je préfère prendre l'ascenseur pour redescendre »,

dit madame Eiffel
- a. → au sommet de la tour Eiffel.
- b. → à côté de la tour Eiffel.
- c. → en bas de la tour Eiffel.

5 ☐ « Il faudrait aller à Paris pour voir cette fameuse tour ! »,

dit un Japonais
- a. → à côté de la tour Eiffel.
- b. → au pied du Fuji-yama.
- c. → devant la tour.

Zazie au travail...

COMPRÉHENSION

10 Après sa visite à Paris, Zazie a fait, pour la maîtresse, un dossier sur la tour Eiffel. Mais elle ne se souvient plus de l'ordre et des légendes des photos. Tu vas l'aider à reconstituer son dossier de façon logique.

Les quatre photos de la page 91 ont été prises au cours des années 1887, 1888 et 1889. Dans quelle ordre ont-elles été prises ?
Note la bonne réponse dans la case prévue à cet effet.

Première photo n° ☐ Deuxième photo n° ☐

Troisième photo n° ☐ Quatrième photo n° ☐

11 **Voici quatre légendes, retrouve à quelles photos elles correspondent. Note (page 92) la bonne réponse dans la case prévue à cet effet.**

1 La tour Eiffel est enfin achevée, il aura fallu deux ans, deux mois et cinq jours pour la construire.

2 Le deuxième étage est construit. Déjà s'élancent les piliers du troisième étage.

3 Les premiers travaux commencent au début de l'année 1887, le 28 janvier.

4 Les ouvriers continuent la construction des quatre piliers de la tour Eiffel à l'aide d'un échafaudage central.

Photo n° 1

Photo n° 3

Photo n° 2

Photo n° 4

Photos Roger Viollet

Légende n° **1**, photo n° ☐

Légende n° **2**, photo n° ☐

Légende n° **3**, photo n° ☐

Légende n° **4**, photo n° ☐

12 **Parmi les quatre titres suivants, quel est celui qui correspond le mieux à la série complète de photos ?**
Note la bonne réponse dans la case prévue à cet effet.

1 La démolition de la tour Eiffel.
2 La visite de la tour Eiffel.
3 La construction de la tour Eiffel.
4 La construction de la tour de Pise.

Titre de la série : n° ☐

COMPRÉHENSION MÉMOIRE

L'acrobatique inauguration

♥ **13** **Les ouvriers de la tour Eiffel ont tellement fait les acrobates que le jour de l'inauguration, on a mélangé toutes les phrases !**
— Colorie en jaune les numéros des phrases qui appartiennent au texte intitulé « Les ouvriers acrobates »,
— et en bleu les numéros des phrases qui appartiennent au texte intitulé « L'inauguration ».

I	II
Les ouvriers acrobates.	**L'inauguration.**

1. Le 30 mars 1889, la tour Eiffel est achevée. 2. Deux cent cinquante ouvriers participaient au chantier extraordinaire de la tour Eiffel dans des conditions difficiles. 3. Ils travaillaient douze heures par jour au bord du vide, dans le froid et dans le vent. 4. Eiffel, soulagé et fou de joie, l'inaugure le lendemain dans l'intimité. 5. Malgré les dangers de ce chantier, aucun d'entre eux n'est jamais tombé, sans doute parce qu'Eiffel avait choisi des charpentiers et des marins, habitués à escalader les toits et les mâts ! 6. Lors de cette « fête intime de chantier », une cinquantaine de personnes attaque, à la suite d'Eiffel, l'ascension

de la « grande dame de fer ». **7.** Vingt d'entre eux seulement arrivent au sommet, rouges et essoufflés : ils ont escaladé 1 710 marches ! **8.** Les ouvriers ne sont pas toujours contents. **9.** Eiffel, ému aux larmes, hisse un gigantesque drapeau français. **10.** Ils trouvent qu'ils sont mal payés et il leur arrive de se mettre en grève. **11.** À part ces quelques difficultés, l'ambiance du chantier est bonne, les travailleurs sont fiers de participer à une œuvre qui étonne le monde entier. **12.** Vingt et un coups de canons retentissent pour annoncer la bonne nouvelle : la tour Eiffel est terminée !

D'après Léon-Paul Fargue « Un matin de Mars »... issu de « La tour Eiffel » in *Le Piéton de Paris*, Gallimard.

♠ 14

Maintenant lis attentivement le « texte jaune », puis le « texte bleu ». Tu vas répondre aux questions posées ci-dessous sans revenir aux textes. Barre les réponses fausses.

a La tour Eiffel est { commencée / terminée / écroulée } le 30 { mars / mai / juin } 1889.

b Eiffel a choisi comme ouvriers des hommes qui { avaient / n'avaient pas / risquaient d'avoir } le vertige, comme les { menuisiers / plombiers / charpentiers } et les { chasseurs. / pêcheurs. / marins. }

c Il y eut { peu / beaucoup } d'accidents sur le chantier de la tour Eiffel.

d Le jour même de l'inauguration, Eiffel { tisse / hisse un } { chapeau / drapeau / marteau } en haut de la tour.

On a volé la tour Eiffel

VITESSE

15 Lis le plus vite possible le texte suivant.

Marc habitait près de la Seine, avenue Paul Deschanel. Quand il ouvrait ses persiennes, il voyait la tour Eiffel. Mais un matin, au petit jour, Marc ne voit plus la tour. Que s'est-il passé ? C'est un coup monté ! On nous l'a volée ! En pyjama, sans s'habiller, il dégringole l'escalier.

Les nomades du Sahara voulaient faire pousser du blé. Ils l'ont plantée dans le désert, là-bas, un jet d'eau au bout du nez.

Une bande de forains, qui s'en allaient à la foire, emportait dans sa roulotte matériel et accessoires. Ils virent soudain la tour et dirent d'une seule voix : « Laissons là nos chevaux de bois ! En y ajoutant quelques sièges : quel beau manège ! »

Ce sont les Russes qui nous l'ont volée ! Parce qu'on n'arrête pas le progrès, et qu'une fois de plus ils voulaient construire une nouvelle fusée.

Un enfant géant est passé par là. Aimant les jeux de construction, il a démonté la tour, pont par pont, pendant la nuit, sans qu'on le voie.

La statue de la Liberté, après tant d'années, était usée. Il fallait la remplacer. Les Américains n'ont pas hésité... Ils l'ont volée !

Marc arrive au rez-de-chaussée. Mais en ouvrant la porte, il voit que la tour est là, debout sur ses quatre pieds.

Le brouillard qui l'avait cachée, pendant qu'il descendait, s'était dissipé...

D'après C. Lombard, E. Novlant, *On a volé la tour Eiffel*, Dargaud, 1982.

Pour établir le second bilan, ces pages peuvent être photocopiées.

11

VITESSE

L'avion alphabétique

1

Presque tous les mots ont été rangés par ordre alphabétique. Barre les mots qui ne sont pas à leur place.

→ **1** âne - chercher - creuser - cascadeur - fantastique -
→ jupe - métro - reflet - rouler - querelle

2 lire - liseron - lettre - noix - mur - musée - phare - partager - partir - vélo

3 épreuve - équipage - étourdi - étrennes - étroit - exact - évier - éviter - exposition - expulser

4 matelot - mauvais - mécontent - métro - mignon - miche - migraine - montre - mousse - mystérieux

5 nappe - natation - nature - natif - naturel - navet - navigable - naufrage - navire - navré

2

L'« avion alphabétique » s'est envolé avec les mots "avion", "aile" et "hélice". Retrouve-les le plus vite possible et entoure-les. Attention, tu peux lire dans ce sens : → et dans ce sens : ↓.

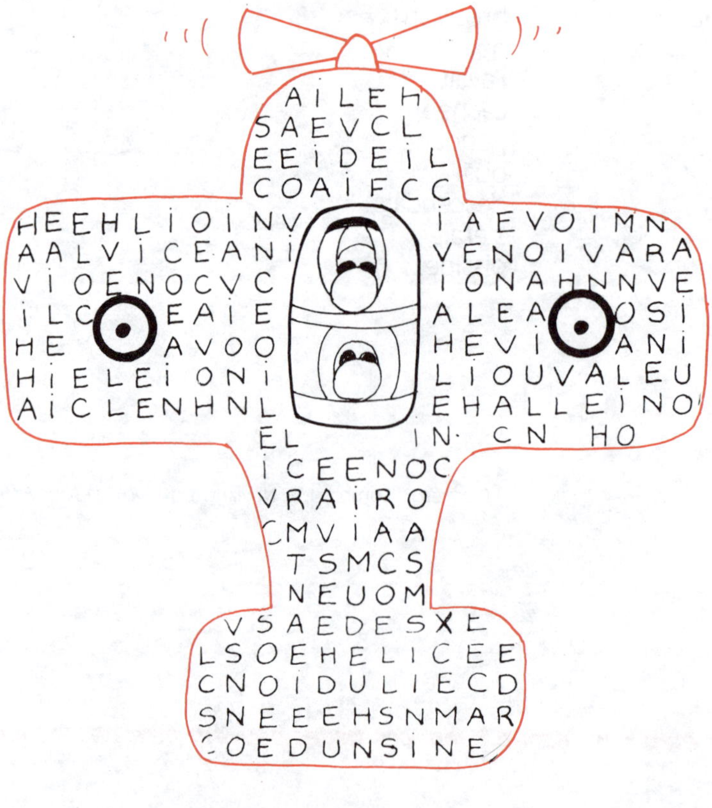

VITESSE COMPRÉHENSION

Un mariage rapide

3

Tu soulignes le plus vite possible le verbe qu'on peut marier avec le nom écrit en caractères gras. Le premier est donné en exemple.

la soupe	marcher boire manger attraper	**le lit**	lire doucher livrer dormir	**l'étoile**	jaunir étaler scintiller étirer
l'ordinateur	parler pousser programmer porter	**la lessive**	balayer savourer épousseter laver	**la recette**	conserver cuisiner coudre caresser

4

Retrouve le plus vite possible l'adjectif que tu peux marier avec le nom. Note après chaque numéro la lettre de l'adjectif qui convient. Le premier est donné en exemple.

1 c	un fruit	verte	a
2	de la salade	féroces	b
3	une élève	mûr	c
4	de l'eau	cirées	d
5	des chaussures	fanées	e
6	un volet	sage	f
7	du linge	croustillant	g
8	du pain	fermé	h
9	des marguerites	dégonflé	i
10	des animaux	gazeuse	j
11	un ballon	repassé	k

5

Retrouve le plus vite possible la deuxième partie de chaque expression. Note après chaque numéro la lettre qui lui correspond. Le premier est donné en exemple.

1 p	un château	de charbon	l
2	un boulet	de table	m
3	un collier	de pommes de terre	n
4	une paire	de perles	o
5	un fauteuil	de sable	p
6	une leçon	de couleur	q
7	un crayon	de gants	r
8	une purée	de cuir	s
9	une lampe	de français	t
10	une serviette	de tennis	u
11	une raquette	de poche	v

Une recette à la noix !

RECHERCHE | COMPRÉHENSION

Des « mots-poison » se sont glissés dans ma recette. Souligne-les et cherche les bons mots dans le panier de monsieur Brû qui est dessiné ci-contre.
Note dans la marge le numéro du bon mot. Le premier est donné en exemple.

Préparation : 30 minutes. **Cuisson :** 1 minute 12

Pour 8 à 10 personnes.
4 œufs ; 6 poires ; 125 g de peur ; 250 g de sucre en coudre ; 250 g de farine ; 1/2 sachet de sucre vanillé ; 1 sachet de levure.

1 Écorcher les poires, les couper en deux, ôter les pépins:

2 Mettre les quatre œufs dans un saladier avec le sud. Battre avec une fourche jusqu'à ce que la mésange soit lisse et mousseux.

3 Ajouter le beurre légèrement fondu puis, peur à peur, la farine, la voiture et le sucre vanillé.

4 Beurrer un moulin, y verser la pâte.

5 Disposer les moitiés de boire sur le dessus, le côté arrondi vers le haut. Secouer de sucre en poudre.

6 Faire luire une heure à dour foux. Laisser refroidir avant de dérouler.

7 Cherche parmi ces titres, le vrai titre de ma « recette à la noix ». Coche la bonne réponse.

a. Compote de poires. ☐

b. Gâteau glacé aux poires. ☐

c. Délicieux aux poires. ☐

d. Bananes à la martiniquaise. ☐

8 Souligne les ustensiles dont tu auras besoin pour faire ce gâteau.

Une râpe - un couteau - un verre - une soupière - un hachoir - un saladier - un moule - une passoire - un presse citron - une louche - une balance - une fourchette -

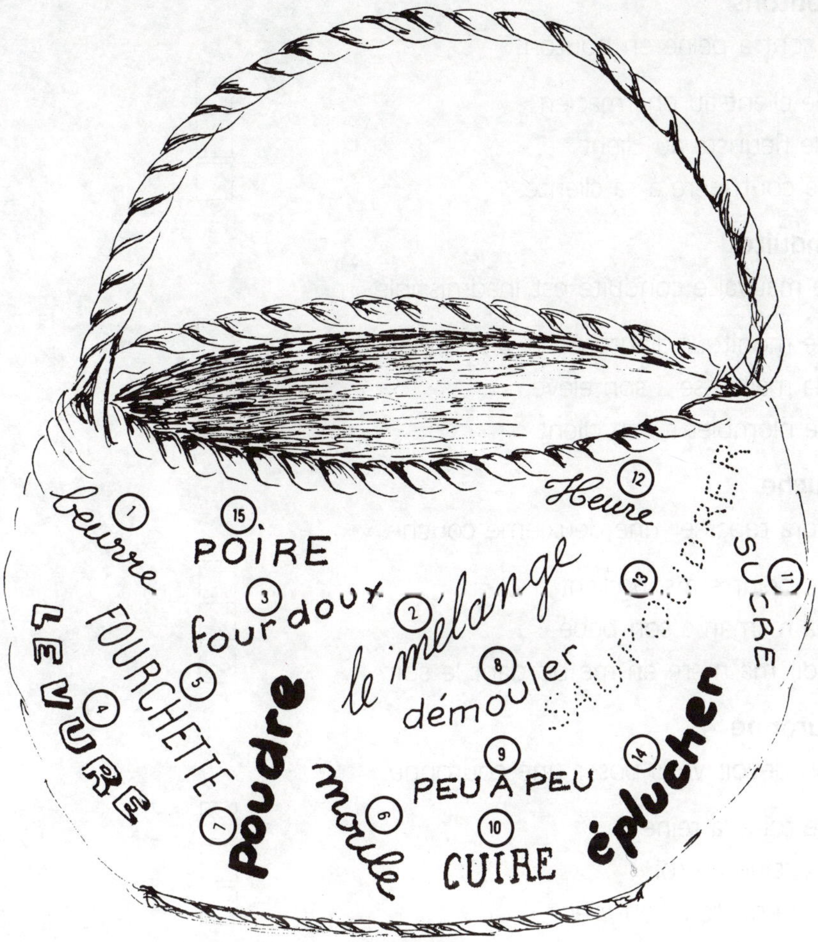

COMPRÉHENSION

Qui parle à qui ?

9 **Quelqu'un parle, mais qui parle à qui ? Coche la bonne réponse.**

La piqûre

1 « Pourriez-vous me faire une petite piqûre au bas de cette robe ? »

a. dit le malade à l'infirmière. ☐

b. dit la petite fille au moustique. ☐

c. dit la cliente à la couturière. ☐

(Suite page 100)

Les boutons

2 « Elles sont à peine en bouton. »

a. dit le client au pharmacien. ☐
b. dit le fleuriste au client. ☐
c. dit la couturière à sa cliente. ☐

La conduite

3 « Cette mauvaise conduite est inadmissible. »

a. dit le moniteur d'auto-école à son élève. ☐
b. dit la maîtresse à son élève. ☐
c. dit le plombier à son client. ☐

La couche

4 « Il faudra repasser une deuxième couche. »

a. dit le peintre à son client. ☐
b. dit la maman à son bébé. ☐
c. me dit ma mère en me bordant le soir. ☐

La couronne

5 « Je vais devoir vous poser une couronne. »

a. dit le roi à la reine. ☐
b. dit la reine au roi. ☐
c. dit le dentiste à son client. ☐

Nature ?

6 « Nature ou aux fruits ? »

a. dit le jardinier à son collègue. ☐
b. dit le pommier au pêcher. ☐
c. dit le crémier à sa cliente qui achète des yaourts. ☐

COMPRÉHENSION

Mais où donc mettre le bon point ?

10 Dans chaque groupe, les phrases sont identiques, mais une phrase sur deux est mal ponctuée. Coche la phrase qui a la bonne ponctuation.

1 Il lui demanda les clefs, sont dans ton sac ? a. ☐
Il lui demanda : « Les clefs sont dans ton sac ? » b. ☐

2	Comment ! tu n'as pas fait tes devoirs ?	**a.** ☐
	Comment tu n'as pas fait tes devoirs ?	**b.** ☐
3	Alors, les vacances se sont-elles bien passées ?	**a.** ☐
	Alors, les vacances, se sont-elles bien passées.	**b.** ☐
4	Bien, sûr ce jouet est fourni sans piles.	**a.** ☐
	Bien sûr, ce jouet est fourni sans piles !	**b.** ☐
5	« Cher ami, dit-il, ennuyé, voici venir un bel orage ! »	**a.** ☐
	« Cher ami, dit-il », ennuyé, voici venir un bel orage !	**b.** ☐

VITESSE

Matougros a un rendez-vous

11 **Dans ce texte, nous avons oublié la ponctuation et les majuscules des débuts de phrases. Lis-le attentivement, en silence. Puis relis-le à haute voix en « mettant le ton », c'est-à-dire en marquant bien la ponctuation.**
Tu peux également le recopier sur ton cahier de brouillon en rétablissant ponctuation et majuscules.
Attention, plusieurs solutions sont possibles.
Lorsque tu auras fini, compare « ta ponctuation » à celle que l'auteur avait prévue (dans le corrigé).

Résumé : *Matougros est, comme son nom l'indique, un gros chat. Ce soir, il a rendez-vous avec d'autres chats du quartier, suivons-le donc...*

d'un coup de langue Matougros avale les dernières gouttes de lait qui perlent sur sa moustache il jette un regard attendri sur Mlle Marthe se frotte un peu contre son mollet gauche plus par habitude que par réelle envie s'étire et fait mine d'aller s'étendre un moment sur le radiateur du salon en réalité il tourne dans le couloir et va droit à la salle de bains à tout hasard il prend sa musette et sort par la petite fenêtre la pluie s'est remise à tomber la nuit est si noire qu'il lui suffit de baisser un peu la tête pour masquer sa tache blanche et se rendre totalement invisible il se sent lourd sans doute a-t-il un peu trop mangé la pluie glace il rase les murs profite du moindre abri et une fois de plus peste contre cette manie de faire des réunions nocturnes c'est une honte se dit-il on aurait bien pu prendre des décisions sur-le-champ chez Charlot le terrain vague donne sur une petite rue un peu à l'écart faiblement éclairée par de rares réverbères il s'étend derrière une longue palissade maculée d'affiches à demi arrachées par manie plus que par besoin Matougros compte les planches vingt-deux vingt-trois vingt-quatre c'est ici la vingt-quatrième planche est disjointe et il suffit de la pousser pour entrer dans le terrain vague tous étaient déjà là sagement assis en rond autour de Minouchat qui parlait et qui bien entendu n'avait rien d'intéressant à dire

D'après Paul Fournel, *Superchat et les karatéchats*, Nathan, 1987.

VITESSE | COMPRÉHENSION

Le cake au savon

♦12 Lis ce texte le plus vite possible sans t'occuper des mots qui sont dans la marge.

Regarde ensuite ce qu'on te demande dans les exercices 13, 14 et 15.

Résumé : *Mathieu est invité à un goûter d'anniversaire par Moulinet, un garçon de sa classe qu'il n'aime pas trop. Il accepte, surtout par gourmandise ! Nous le retrouvons en bien mauvaise posture, alors qu'il a déjà avalé de nombreux sandwichs, gâteaux et autres glaces...*

	Tout était excellent, à part le cake qui avait un goût de	infect
apprécié	savon ; j'ai bien regretté d'en avoir pris une si grosse	
	tranche et quand j'en suis venu à bout, enfin, j'avais un	
	drôle de poids sur l'estomac.	creux
	— Tu viens, Mathieu ? m'a demandé Moulinet, ma sœur	
refuse	Valentine veut qu'on joue à cache-tampon !	
	— Très bien, mais commencez sans moi, ai-je répondu	finissez
	mollement.	
	Et je vais m'asseoir sur un divan, à l'écart, pour essayer	
de retrouver	d'oublier le goût du cake. Survient la mère de Moulinet. Elle	
	m'aperçoit, s'arrête.	
	— Qu'est-ce que vous faites-là, tout seul ? Dépêchez-vous	
	d'aller goûter, voyons, avant que tous les plats soient vides !	pleins
	— Euh euh, Madame, c'est-à-dire que...	
	— Suivez-moi.	
tôt	Quelques instants plus tard, j'étais attablé devant une part	
	de tarte, quatre sandwichs, et le cake, le redoutable cake au	merveilleux
	savon... Comment refuser ? Je fourrais les morceaux dans	
	ma bouche en essayant de les avaler d'un seul coup : peine	
	perdue, j'avais l'impression de déguster une savonnette !	
	— C'est bon ? cela vous plaît ? me répétait la dame en	mauvais
	souriant.	
	— Oh oui, Madame !	
l'embrasser	Vrai, j'aurais voulu la mordre !... Enfin, enfin, j'arrive à avoir	
	raison du cake, et, suffoquant, pris de nausées, je m'éclipse	reviens
	avec un « merci » indistinct. Ah, voici une porte, un couloir	
	sombre...	
	— Eh là, vous vous trompez, c'est la cuisine, par ici !	
	La tante !... J'esquisse un geste de recul, mais elle me saisit	
avec douceur	par le bras, d'une poigne vigoureuse.	
	— Vous cherchez le buffet, sans doute ? Attendez, je vais	
	vous y conduire.	
	Au buffet ? encore ? Je me sens pris de panique.	rassuré
	— Non, non, dis-je d'une voix étranglée, je voulais	
	seulement...	

beaucoup — Boire un jus de fruits ? Manger quelques friandises ? Je crains que nos gourmands n'aient pas laissé grand-chose, mais il doit cependant rester un peu de cake. Nous allons voir ça.
Elle me poussait, bon gré mal gré, vers la porte, lorsque Moulinet surgit derrière nous.
— Où étais-tu donc passé ? On va jouer aux charades, tu viens ? restes
Jamais je n'avais été aussi content de le voir, ce brave Moulinet ! La tante a bien essayé de reparler du cake, mais nous avions déjà regagné la grande salle où le nouveau jeu battait son plein.
revenir Dès que j'ai pu, j'ai essayé de partir, ulcéré, secoué de hoquets, envoyant la petite fête à tous les diables, et j'allais atteindre le palier, enfin, lorsque quelqu'un m'agrippe par l'épaule. Et qui était-ce, sinon la tante de Moulinet ?
— Vous nous quittez sans avoir fait honneur au buffet ? Quel dommage ! me dit-elle en me tapotant le cou. Je suis bonheur
ravie désolée, vraiment, mais je ne voudrais pas que... Tenez, prenez au moins ceci...
Elle me tend un assez gros paquet, mou, informe, met un doigt sur ses lèvres, et disparaît.
Et qu'y avait-il dans le paquet, je vous le donne en mille ?

D'après Colette Vivier, *La nuit des surprises*, La Farandole,
cité par Jacqueline et Claude Held, *18 histoires succulentes*, Magnard, 1985.

♥ **13** **Si tu as lu attentivement cette histoire, tu devineras facilement ce qu'il y a dans le paquet offert par la tante de Moulinet... Coche la bonne réponse.**

a. Un cadeau d'anniversaire. ☐
b. Le reste du cake au savon. ☐
c. Un morceau de savon. ☐

♥ **14** **Souligne dans la ligne les mots ou groupes de mots contraires à ceux qui sont dans la marge.**

♦ **15** **Relis l'histoire de Mathieu en remplaçant les mots que tu as soulignés par leurs contraires. Drôle d'histoire, n'est-ce pas ?**

12

Des fleurs pour monsieur Brû

VITESSE

RECHERCHE

1

Joël, Noël et Gaël, les trois neveux de monsieur Brû, décident de fêter l'anniversaire de leur oncle. Il leur vient une idée : lui envoyer des fleurs ! Ils prennent donc l'annuaire et se mettent à téléphoner...
Tu vas vérifier si les renseignements qu'ils ont notés sont exacts.
Pour cela, cherche, le plus rapidement possible, dans la page d'annuaire reproduite ci-contre, et coche la bonne réponse.

1 Le numéro de « La Cage Fleurie » à Auxerre est le :
- ☐ **a.** 86 14 18 18
- ☐ **b.** 86 52 81 36
- ☐ **c.** 86 52 14 75

2 Le numéro de « La Campanule » à Bléneau est le :
- ☐ **a.** 86 42 24 10
- ☐ **b.** 86 74 90 39
- ☐ **c.** 86 76 96 06

3 Le numéro de « Annflor » à Champs-sur-Yonne est le :
- ☐ **a.** 86 53 35 77
- ☐ **b.** 86 35 77 53
- ☐ **c.** 86 77 35 53

4 Le numéro de « La Tulipe Noire » est le :
- ☐ **a.** 86 11 23 53
- ☐ **b.** 86 23 53 11
- ☐ **c.** 86 53 23 11

5 Le numéro de « Grain' Flor » à Aillant sur Tholon est le :
- ☐ **a.** 86 42 63 63
- ☐ **b.** 86 63 63 42
- ☐ **c.** 86 63 42 63

6 Le fleuriste monsieur Teigny habite à Auxerre. Vrai ☐ Faux ☐

7 Sur cette page d'annuaire il y a six fleuristes qui appartiennent au groupe « Interflora ». Vrai ☐ Faux ☐

8 Sur cette page d'annuaire il y a deux fleuristes qui appartiennent au groupe « Téléflor International ». Vrai ☐ Faux ☐

9 Il n'y a que deux fleuristes à Chablis. Vrai ☐ Faux ☐

10 Le fleuriste de « La Cage Fleurie » s'appelle Jean Renaud. Vrai ☐ Faux ☐

FLEURS ARTIFICIELLES

Saint Julien du Sault

SOUBRIER Alexandre 8 r Liberté 86 63 23 40

FLEURS ARTIFICIELLES (FOURNITURES, APPRÊTS, TISSUS POUR)

Courgenay

GAUDOT Georges - - - - - - - 86 86 72 14

FLEURISTES

Aillant sur Tholon

DELLA-VITE JEAN CLAUDE

GRAIN'FLOR
MARIAGES - DEUILS
GRAINES D'ELITE CLAUSE
34, r. des Ponts
89110 AILLANT SUR THOLON
86 63 42 63

Appoigny

LA TULIPE NOIRE 2 r Pavillon - - 86 53 23 11

Auxerre

ART FLORE

Art flore
Agnès et Martin BIGORRE
FLEURISTE
DECORATEUR
PARFUMS D'AMBIANCE
EAUX - FLEURIES
MARIAGES TELEFLOR INTERNATIONAL DEUILS
87, r. du Pont
89000 AUXERRE
86 52 81 36
Ouvert tous les jours

BIGORRE DIDIER

Interflora
Didier
BIGORRE
Véronique
FLEURISTE
INTERFLORA
20, pl. Charles Lepère
89000 AUXERRE
86 52 13 99

BIGORRE Martin
— 87 r Pont - - - - - - - - - - - - - 86 52 81 36
— dom même adresse - - - - - - 86 51 06 15

CAGE FLEURIE (LA)

INTERFLORA Claude RENAUD
LA CAGE FLEURIE
Tout l'Art Floral
MARIAGES
DEUILS
108, rue du Pont
89000 AUXERRE
86 52 14 75
LIVRAISON A DOMICILE

CAGE FLEURIE (La) 108 r Pont - 86 52 14 75

CHANTELOZE CHAMOY

INTERFLORA
CHANTELOZE CHAMOY
FLEURISTE
DÉCORATEUR
4, pl. Charles Surugue
89000 AUXERRE
86 52 28 14

CHANTELOZE CHAMOY (Ets)
pl Charles Surugue - - - - - - - - 86 52 28 14

DUSSAUSSOY Jean-Pierre
— 5 r Ile aux Plaisirs - - - - - - - - 86 46 92 31
— marché Arquebuse - - - - - - - 86 52 64 20

FLORE SERVICE

FLORE SERVICE
DEUILS - MARIAGES
6, pl. Robillard 89000 AUXERRE
86 52 39 68

FLORE SERVICE 6 pl Robillard - - 86 52 39 68
GAY Jacques 20 r Fécauderie - - 86 51 60 68

HOLLAND FLEURS

Holland Fleurs
INTERFLORA
Création et décoration
florales personnalisées
Réceptions cérémonies
Fleurs séchées
41, rue Joubert
89000 AUXERRE
86 52 81 74

HOLLAND FLEURS 41 r Joubert - 86 52 81 74
NADINE FLOR 47 r Temple - - - 86 52 51 52

TEIGNY MICHEL

Compositions
Deuils
Mariages
TELEFLOR INTERNATIONAL
Horticulteur
Fleuriste - Décorateur
Michel Teigny
Ouvert Tous les Jours
Parking Assuré
12 r Louis Richard - 89000 Auxerre
86 52 16 07

VÉRONIQUE FLEURS
20 pl Charles Lepère - - - - - - 86 52 13 99

Avallon

DESGRES Alain 44 rte Lormes - - 86 34 40 69
FLEURS ALYSSE 1 r Paris - - - - 86 34 05 79

FLEURS ALYSSE

Alysse fleurs
1, r. de Paris SARL
MARIAGES
DEUILS
1, rue Odebert
(Angle rue de Paris)
86 34 05 79
GOYER Roger
26, rue Gén. Leclerc
86 34 13 15
89200 AVALLON

FLEURS ET JARDINS

Serge MARCHAND
Graines Vilmorin
DEUILS - MARIAGES
NATURELLES et ARTIFICIELLES
TÉLÉFLEURS 86 34 36 02
7 et 9, Gde Rue 89200 AVALLON
86 34 08 89 (Répondeur 24H/24)

LUCETTE FLOR

LUCETTE FLOR
Interflora
L'Art floral à votre service
15, place Vauban
89200
AVALLON
86 34 17 66

LUCETTE FLOR 15 pl Vauban - - 86 34 17 66
MARCHAND Serge
9 Grande Rue Aristide Briand - - 86 34 08 89

Bléneau

CAMPANULE (LA)

INTERFLORA
La Campanule
Compositions-florales
Cadeaux
16 pl Chataignier 89220 Bleneau
86 74 90 39

Brienon sur Armançon

CALAIN FLEURS

Calain Fleurs
Décoration Florales Naturelles
Artificielles Cérémonies Téléfleurs
9 rue Fernand Lamidé
89210 Brienon s Armançon
86 56 12 80

DINGHEM Corinne
9 r Fernand Lamidé - - - - - - - 86 56 12 80
FLORÉAL 59 Grande Rue - - - - - 86 56 14 53

Chablis

COULLAUD Paul 5 r Mar de Lattre
De Tassigny - - - - - - - - - - 86 42 12 64

Champs sur Yonne

ANNFLOR
centre cial r Robert Raclot - - - - 86 53 35 77

Charny

NICOLE FLEURS 27 Grande Rue - 86 63 61 38

NOUVELLE NUMEROTATION
Deux zones :
- Province
- Paris/Région Parisienne

À chacun sa définition

VITESSE COMPRÉHENSION

♥ **2 Voici une liste de définitions et une liste de mots. Rends sa définition à chaque mot et note la lettre qui lui correspond. Attention, il y a une définition de trop ! Le premier est donné en exemple.**

a - Instrument qui sert à ouvrir les boîtes.
b - Animal qui se déplace en faisant des sauts, grâce à ses fortes pattes de derrière.
c - Enfoncer une vis en tournant.
d - Celui qui abat des arbres dans la forêt.
e - Instrument de musique dont on pince les cordes.
f - Grosse dent qui sert à écraser les aliments.
g - Explication de ce qu'il faut faire pour réussir un plat.
h - Celui dont le métier est de soigner les dents.
i - Énorme quantité de neige qui descend brusquement de la montagne.

1. i - : avalanche. 2. -- : bûcheron. 3. -- : guitare. 4. -- : kangourou. 5. -- : molaire.
6. -- : ouvre-boîte. 7. -- : dentiste. 8. -- : recette.

♦ **3 Tous les mots dont tu viens de retrouver la définition sont classés par ordre alphabétique, sauf un. Lequel ?**

Le mot mal classé est : ______________________.

♦ **4 Écris la lettre de la définition qui est en trop : --.**
Coche maintenant le mot auquel elle correspond.

1 tourner : ☐ 2 visser : ☐ 3 enfoncer : ☐

♥ **5 Redonne sa définition à chaque animal.**

1 escargot. ☐ a. Mammifère au long cou vivant en Afrique.
2 poulain. ☐ b. Animal à la peau rugueuse qui ressemble à la grenouille.
3 girafe. ☐ c. Le petit du cheval et de la jument.
4 abeille. ☐ d. Insecte qui fait du miel avec le pollen des fleurs.
5 crapaud. ☐ e. Mollusque à coquille qui se déplace lentement.

♥ **6** **Redonne sa définition à chaque insecte.**

1 guêpe. ☐ a. Petit insecte rouge à points noirs.

2 moustique. ☐ b. Insecte à l'abdomen jaune et noir dont la piqûre peut être dangereuse.

3 libellule. ☐ c. Petit insecte qui pique pour sucer le sang.

4 coccinelle. ☐ d. Insecte aux ailes transparentes.

♦ **7** **Classe par ordre alphabétique les animaux cités dans les exercices 5 et 6.**

COMPRÉHENSION

Le « mot outil », oui ! Mais le bon !

8 **Trouve le « mot outil » qui convient et souligne-le.**

Drôle d'histoire !

1 Il est au lit { mais / ou / car } il a attrapé une angine.

2 Je ne sais pas { parce que / pourquoi / comment } il n'est pas venu.

3 Je suis désolé { mais / alors / puis } tu es trop enrhumé pour aller à la piscine.

4 Il a eu une mauvaise note { parce que / pourtant / puis } il avait révisé.

5 Mon père a téléphoné à la gare { car / sans / pour } savoir l'heure du train.

6 Il n'arrête pas de pleuvoir { pour que / parce que / depuis que } nous sommes en vacances, c'est dommage, { puis / car / quand } nous ne pouvons pas nous baigner.

(Suite page 108)

Mic et son petit frère Marc

7 {Pendant / Après / Avant} la sortie de la classe, Mic passait à la boulangerie {avec / sans / pour} acheter des bonbons qu'il partageait {jamais / autrefois / toujours} avec Marc, son petit frère, en arrivant la maison.

---

8 Marc l'attendait le nez collé {de / à / dans} la fenêtre et sautait {sur / par / de} joie {en / pour / puis} l'entendant monter l'escalier.

---

9 À {jamais / toujours / chaque fois} Mic prenait Marc {sous / par / dans} ses bras, l'embrassait et lui disait : « Tu as bien été sage aujourd'hui ? » et Marc de répondre : « Oui » d'une voix gourmande. « Bien, {alors / puis / mais} voici ta récompense », ajoutait Mic en reposant sur le sol Marc qui n'avait plus d'yeux que pour ses bonbons.

VITESSE MÉMOIRE COMPRÉHENSION

Le « casse-tête »

♥ **9** **Voici un drôle de « casse-tête » : dans les trois articles de journaux suivants, toutes les lignes ont été mélangées ! À toi de les remettre dans le bon ordre.**
Lis-les le plus vite possible et note le numéro d'ordre de chacune.
Pour t'aider, nous en avons numéroté quelques-unes...

Article ①

[1] Les bananiers ne poussent pas qu'à Appoigny ! Après avoir lu,
☐ bananes de l'Yonne ?
☐ ler. Pourquoi ne pas organiser un concours du plus beau régime de
☐ Étant donné les réactions suscitées par ce premier article,
☐ cultivent depuis quinze ans, un plant de bananes qui régulièrement

[6] Les bananes joviniennes malheureusement ne parviennent
[ ] dans un jardin d'Appoigny, M. et Mme Leroy nous ont signalé qu'ils
[ ] fleurit.
[ ] jamais à maturité faute de soleil.
[2] dans notre édition du 4 août, qu'un superbe bananier fleurissait
[ ] d'autres jardiniers cultivant les bananiers vont peut-être se signa-

Article ②

[1] Une automobiliste s'est retrouvée, hier matin vers
[ ] Au total, plus de peur que de mal, puisque l'automobiliste est
[ ] talus pour finir sur ses roues, à 100 mètres de la route, dans un
[ ] Champs-sur-Yonne a pour une raison indéterminée mordu
[ ] sortie indemne d'un accident qui aurait pu se terminer bien
[ ] 10 h 45, en plein champ. La conductrice qui roulait en direction de
[ ] l'accotement droit de la Voie-Romaine. Le véhicule a alors dévalé le
[ ] champ fraîchement labouré.
[9] plus mal.

Article ③

[ ] a-t-elle fait pour arriver là ? L'accident est en effet peu banal. Le
[ ] le parking du supermarché Casino. Tandis que ses propriétaires
[11] Pas de dégâts corporels : la voiture était vide, et aucun piéton
[ ] véhicule – immatriculé dans la région parisienne – stationnait sur
[ ] retenue ni par une vitesse, ni par le frein à main, a commencé à
[ ] rebord en ciment qui longe le parking et a dévalé le talus voisin,
[1] Lundi après midi, une voiture en fâcheuse position,
[ ] Le véhicule est bon pour la casse.
[ ] vaquaient à leurs courses, la voiture, qui n'était vraisemblablement
[ ] ne s'est trouvé sur sa trajectoire. Mais des dégâts matériels, ça oui !
[2] a interloqué automobilistes et promeneurs : comment
[ ] rouler, son allure s'accélérant peu à peu, elle a franchi le
[ ] pour venir s'écraser en bordure du chemin Cambon, aplatissant la haie au passage.

♦ 10 **Maintenant que tu as réussi à reconstituer ce « casse-tête », relis chaque article à voix haute, en reprenant les lignes dans l'ordre numérique.**

♥ 11 **Note en face de chacun des trois titres le numéro de l'article qui lui revient.**

Article n° [ ] ***Mauvaise chute***

Article n° [ ] **À Joigny, les bananiers fleurissent aussi**

Article n° [ ] Plus de peur que de mal

♠ 12 Relis attentivement les trois articles des pages 108 et 109.

Nous avons découpé le début et la fin de certaines phrases des trois articles du journal. Sans revenir au texte, tu vas reconstituer les phrases justes.
Note, à côté du numéro de fin de phrase, la lettre du début de phrase.

Débuts de phrases

a M. et Mme Leroy, de Joigny, ...
b L'automobiliste qui s'est retrouvée en plein champ hier matin après avoir mordu le bas-côté de la route...
c Sur le parking de Casino, une voiture dont le frein à main n'était pas serré...
d La voiture qui a dévalé un talus près du supermarché Casino...
e On pourrait peut-être organiser...

Fins de phrases

1 ... a dévalé un talus et s'est écrasée sur le chemin Cambon.

2 ... était immatriculée dans la région parisienne.

3 ... cultivent un bananier depuis quinze ans.

4 ... un concours du plus beau régime de bananes dans l'Yonne ?

5 ... est sortie heureusement indemne de cet accident.

♥ 13 Qui se cache derrière ces devinettes ? Écris le bon numéro dans les cases. Attention, il y a un intrus...

1 Elle ne suit pas de régime, mais elle en a un beau dans son jardin.
2 Ils ont fait un drôle de « casse-tête », ce qui donne des migraines aux élèves !
3 Elle saura maintenant que tous les chemins mènent... à la casse !
4 Elle a sans doute confondu clé des champs et clé de contact !
5 Ils sont malins comme tout, sans se casser la tête, ils ont réussi à reconstituer ce « casse-tête » !

☐ **a** - La voiture de l'article 3.
☐ **b** - Mme Leroy (Article 1).
☐ **c** - Le Journal.
☐ **d** - Les lecteurs de ce livre de lecture.
☐ **e** - L'automobiliste (Article 2).
☐ **f** - Les auteurs de ce livre de lecture.

COMPRÉHENSION

Vous m'avez posé une question ?

14 **À la suite de chaque phrase, il y a trois questions. Une seule de ces questions porte sur l'information la plus importante de la phrase. Coche la bonne question.**

1 *Vendredi 13 juillet, vers 22 h 30, un grand feu d'artifice sera tiré à Châteaulin, dans le Finistère, sur les bords de l'Aulme. Venez nombreux !*

a. ☐ Y aura-t-il du monde à Châteaulin le 13 juillet ?
b. ☐ Va-t-on tirer un grand feu d'artifice ?
c. ☐ Que va-t-il se passer à Châteaulin le 13 juillet ?

2 *Les premiers coups de pioche ont été donnés lundi à Méribel pour la construction du nouveau terrain de golf qui ouvrira ses portes au mois de mai 1990.*

a. ☐ Y a-t-il un nouveau terrain de golf ?
b. ☐ La construction du terrain de golf de Méribel a-t-elle commencé ?
c. ☐ Le golf de Méribel va-t-il bientôt fermer ?

3 *Partez à l'aventure en allant en excursion au lac Bleu (altitude 2 244 m). Départ les lundis et vendredis à 8 h 45 précises.*

a. ☐ Va-t-on à l'aventure en faisant une excursion au lac Bleu ?
b. ☐ Quels jours et à quelle heure peut-on aller au lac Bleu ?
c. ☐ Quelle est la longueur du lac Bleu ?

4 *À 5 mn des pistes de ski, à la Résidence du Creux-de-l'Ours, grand choix d'appartements toutes tailles, dans un cadre merveilleux et à des prix vraiment exceptionnels.*

a. ☐ Y a-t-il des appartements à vendre à la Résidence du Creux-de-l'Ours ?
b. ☐ Les prix sont-ils merveilleux ?
c. ☐ Peut-on voir des ours près des pistes de ski ?

5 *Grand beau temps sur la majeure partie du pays, samedi. Dimanche, beau temps également, après disparition des brumes matinales.*

a. ☐ Y aura-t-il de la brume demain ?
b. ☐ Fera-t-il soleil samedi ?
c. ☐ Quel temps fera-t-il ce week-end ?

13

Et vogue le bateau à mots...

VITESSE

1 **Dans chaque liste, tous les mots sont rangés par ordre alphabétique, sauf un. Barre ceux qui ne sont pas à leur place.**

1 local - loge - logique - loi - locataire - long - loquet - losange - loterie - loupe
2 cachot - cadeau - calcaire - camion - car - câlin - case - cave
3 aube - audition - automatique - augmentation - aumône - autocollant - auxiliaire
4 incapable - indien - intéressant - inexact - infect - injuste - inoffensif - intrépide
5 tracteur - tradition - trajet - trame - trappe - traverser - transporteur

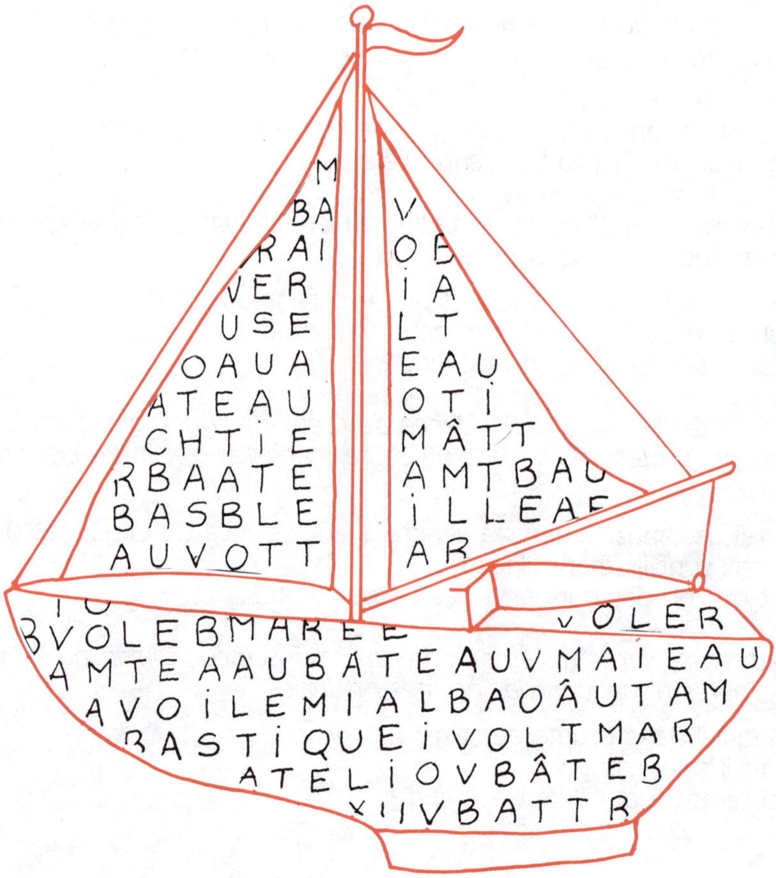

2 **Notre « bateau à mots » a embarqué des passagers clandestins (les mots « voile », « mât » et « bateau »).**
Retrouve-les vite et entoure-les sans attraper le mal de mer.
Attention, les mots peuvent être répétés plusieurs fois.

VITESSE | COMPRÉHENSION

Les mots-étoile

◆ **3** **Entoure le mot qui désigne une partie de l'objet ou de l'animal situé au centre du « mot-étoile ». Le premier est donné en exemple. Attention au piège !**

vue	ville	vieille
	BATEAU	
vélo	valve	(voile)

crayon	canon	camion
	SOLEIL	
rayon	avion	radio

bague	vogue	valse
	MER	
vol	vague	bogue

toise	tête	toi
	MAISON	
moite	toile	toit

ail	aime	aile
	AVION	
aide	elle	aire

roue	rang	roux
	VOITURE	
mou	rousse	trou

fume	dune	rhume
	OISEAU	
plume	lune	prune

soupirail	poivron	portail
	POISSON	
écaille	poison	écarte

poil	griffe	patte
	CHAT	
queue	yeux	moustache

cime	scion	cimetière
	LION	
crime	pion	crinière

♥ **4** **Tu as sans doute remarqué qu'il y avait un « mot-étoile » différent des autres ; quelles sont ses caractéristiques ?**

a. Tous les mots entourant l'étoile désignent l'animal placé au centre de l'étoile.
b. Aucun mot entourant l'étoile ne désigne une partie de l'animal placé au centre de l'étoile.
c. Chaque mot entourant l'étoile désigne une partie de l'animal placé au centre de l'étoile.
d. Aucun mot entourant l'étoile ne désigne un élément de l'animal placé autour de l'étoile.

Le programme de télévision

VITESSE RECHERCHE

5 **Dans ce programme de télévision, cherche le plus vite possible la réponse aux questions suivantes. Coche-la.**

1 On peut regarder la *météo* sur Antenne 2 (A 2) à :

a ☐ 12 h, 16 h 35 et 20 h 30.
b ☐ 12 h, 18 h 35 et 20 h 30.
c ☐ 12 h, 13 h 35 et 20 h 30.

2 L'émission *Club Dorothée Vacances* sur TF 1 débute à :

a ☐ 16 h 45.
b ☐ 9 h 30.
c ☐ 7 h 30.

3 À 20 h 30, sur TF 1, on peut regarder :

a ☐ *Le tirage du Loto.*
b ☐ *Les champions du rire.*
c ☐ *Le tirage du Tapis Vert.*

4 Sur A 2, la dernière émission est à :

a ☐ 24 h.
b ☐ 23 h 40.
c ☐ 19 h 07.

5 On pourra écouter le chanteur Herbert Léonard sur A 2 dans l'émission :

a ☐ *La loi c'est la loi.*
b ☐ *Hôtel en folie.*
c ☐ *Dim Dam Dom.*

6 La dernière émission sur TF 1 est :

a ☐ *Minuit Sport.*
b ☐ *Télématin.*
c ☐ *Une dernière.*

7 Le Jeu *Kazcado* passe { avant ☐ / après ☐ } l'émission *L'été en baskets* sur A2.

8 Sur A 2, passe le { 3e ☐ / 4e ☐ } épisode de *Quoi de neuf Docteur ?*

9 Le tirage du *Tac-o-tac* sur TF 1 est programmé { avant ☐ / après ☐ } celui du Loto.

Télévision mercredi

TF1

6 h 27 : UNE PREMIÈRE.

6 h 30 à 7 h 30 : JOURNAUX.

7 h 30 : CLUB DOROTHÉE VACANCES.

8 h 27 : FLASH INFO.

8 h 30 : L'AVENTURE DES PLANTES.

9 h 00 : HAINE ET PASSIONS.

9 h 40 : CLUB DOROTHÉE VACANCES.

10 h 45 : ET AVEC LES OREILLES.

11 h 10 : C'EST DÉJÀ DEMAIN.
Sunny doit rester dans le bureau du professeur Lee en attendant d'être interrogée par la police. Elle feint un malaise et profite de l'absence du gardien pour s'échapper.

11 h 35 : ON NE VIT QU'UNE FOIS.

12 h 00 : TOURNEZ... MANÈGE.

12 h 30 : FLASH INFO.

12 h 35 : LE JUSTE PRIX.

13 h 00 : LE JOURNAL DE LA UNE.

13 h 30 : MÉTÉO.

13 h 35 : LA BOURSE.

13 h 40 : CÔTE OUEST.
« Démentis ».

14 h 30 : DES AGENTS TRÈS SPÉCIAUX.
« L'affaire Gurnius ».

15 h 20 : LES GRANDS ÉCRANS DE TF 1.
« L'île ».
(N° 3).

16 h 50 : CLUB DOROTHÉE VACANCES.

18 h 10 : CHIPS.
« Quand c'est l'heure ».

18 h 55 : MÉTÉO.

19 h 00 : SANTA BARBARA.

19 h 30 : LA ROUE DE LA FORTUNE.

19 h 50 : TIRAGE DU TAC-O-TAC.

20 h 00 : LE JOURNAL DE LA UNE.

20 h 25 : MÉTÉO.

20 h 28 : TAPIS VERT.

20 h 30 : TIRAGE DU LOTO.

20 h 35 LES CHAMPIONS DU RIRE

« Domino ».
Avec : Jean Piat (Domino), Danièle Lebrun (Lorette), Alain Mottet (Heller), Michel Roux (Crémone), Marco Perrin (Mirandole), Marianne Pernety (Fernande).
Les heurts et malheurs d'un homme bohème et sentimental qui, répondant à une annonce, est entraîné dans de surprenantes aventures. Elles lui feront prendre une éclatante revanche sur le sort et les envieux.

22 h 20 : TEXAS POLICE.
« Sale affaire ».
Lundy et La Fiamma apprennent par message radio une mort par overdose dans une réception de la haute société. Ils interrogent tous les invités.

23 h 00 : VAGABONDAGES.
En hommage à Félix Leclerc, une émission présentée par Roger Gicquel et consacrée au chanteur québécois.
Au cours de cette émission, Félix Leclerc interprète quelques-uns de ses plus grands succès et parle de son livre « Rêves à vendre », entouré d'Yves Duteil, Claude Leveillé et Jean-Pierre Ferland, entre autres.

0 h 00 : UNE DERNIÈRE.

0 h 10 : LA BOURSE.

0 h 15 : MINUIT SPORT.
Emission du service des sports.
Volley-ball : France - USA. Voile : la course du « Figaro ». Tour de France.

A2

6 h 45 : TÉLÉMATIN.

8 h 30 : AMOUREUSEMENT VOTRE.

9 h 00 : L'ÉTÉ EN BASKETS.

11 h 00 : AVENTURES, VOYAGES.
« Canon surf »,
Film de Patrice Aubertel.
Ce film de musique et d'images met en scène le surf extrême en haute montagne. Sans scénario ni scènes dirigées, ce film est l'expression d'une liberté totale des meilleurs surfers mondiaux actuels. Canon surf a été tourné sur le domaine de haute montagne d'Arc 2 000, entre 3 800 et 1 200 mètres d'altitude : pentes raides, glaciers et forêts sont le lot quotidien de l'équipe de ces champions.

11 h 25 : GORRI LE DIABLE.

11 h 55 : FLASH INFO.

12 h 00 : MÉTÉO.

12 h 05 : KAZCADO.

12 h 30 : FLASH INFO.

12 h 35 : LES MARIÉS DE L'A 2.

13 h 00 : EDITION DE 13 HEURES.

13 h 35 : MÉTÉO.

13 h 40 : LA SONATE PATHÉTIQUE.
Feuilleton.
(N° 13).

14 h 05 : JEUNES DOCTEURS.
Pour la vie.
Feuilleton.
Tony Garcia et Georgie Saint noient leur chagrin chez Bunny. Et Dennis devient un héros aux yeux de tout le monde à l'hôpital. Kim fait tourner les tables avec le docteur Piper.

14 h 45 : BING PARADE.

15 h 25 : SPORTS.
Rugby : coupe du monde universitaire en direct de Capbreton : France - Argentine. Paris - Colmar à la marche.

17 h 30 : QUOI DE NEUF DOCTEUR ? (N° 3).

17 h 55 : LES DEUX FONT LA PAIRE.

18 h 45 : DES CHIFFRES ET DES LETTRES.

19 h 10 : ACTUALITÉS RÉGIONALES DE FR 3.

19 h 35 : L'ARCHE D'OR.

20 h 00 : EDITION DE 20 HEURES.

20 h 30 : MÉTÉO.

20 h 35 HOTEL EN FOLIE

Emission proposée par Prime Time Télévision. Réalisée par Christian Vidali.
Cette émission s'articule autour de trois principes : la comédie, la variété, la magie. Le Grand Hôtel, dirigé par Aldo Maccione, directeur obséquieux à l'égard de sa clientèle, est tyrannique pour son personnel. Parmi les invités prestigieux qui seront accueillis au Grand Hôtel : Paco, les Bill Baxter, Philippe Lavil, Lyane Foly, Herbert Léonard, Françoise Hardy, Catherine Lara, Amanda Lear, Henry Chapier, Richard Gotainer, Début de Soirée.

21 h 40 : LA LOI C'EST LA LOI.
« La taupe ».
Déterminée à prouver la responsabilité d'un homme sur la mort de son père, une séduisante femme policière se déguise pour enquêter pour McCabe, malgré les protestations de Jake.

22 h 30 : DIM DAM DOM.

23 h 20 : 24 HEURES SUR LA 2.

23 h 40 : JAZZ.
28e festival international de Jazz d'Antibes-Juan-les-Pins 1987.

COMPRÉHENSION

Le mode d'emploi

6 Lis attentivement le mode d'emploi ci-dessous :

1 Recouvre de papier blanc un cylindre de carton de 7 cm de long (rouleau vide de papier d'aluminium).

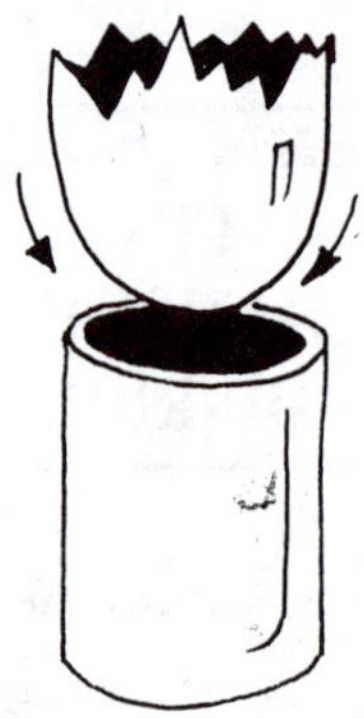

2 Colle sur le dessus du cylindre la coquille nettoyée et séchée d'un œuf à la coque.

3 Avec des feutres, dessine le visage du jardinier sur la coquille d'œuf, puis ses vêtements sur le cylindre. Noue un petit triangle de tissu autour du cou.

4 Découpe deux rectangles de papier de 4 cm de long sur 1 cm de large arrondis à une extrémité pour faire les bras. Puis, dessine au feutre les manches de la chemise et les mains. Colle-les sur le cylindre.

5 Découpe les chaussures dans du carton. Colle le cylindre sur les « chaussures » après l'avoir lesté avec trois billes (pour éviter qu'il ne se renverse). Dessine les chaussures sur le carton.

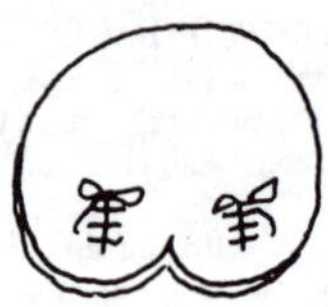

6 Mets du coton hydrophile dans la coquille d'œuf. Humidifie-le et pose des lentilles dessus. Arrose de temps en temps et observe la pousse de ces drôles de cheveux !

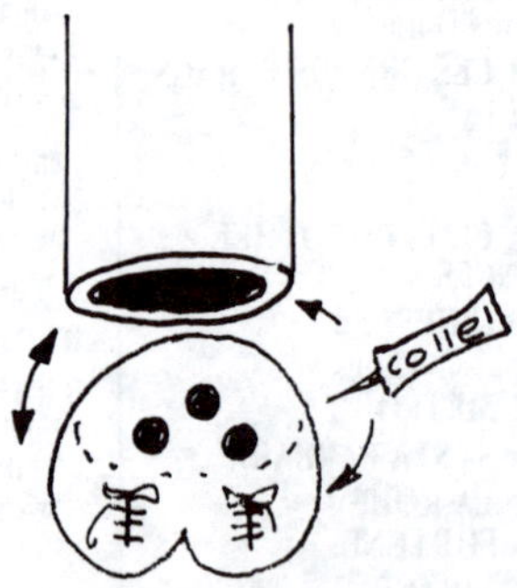

7 Quel est le titre de notre mode d'emploi ?

a - Jardinière de lentilles. ☐

b - Le jardinier aux cheveux verts. ☐

c - Omelette aux lentilles. ☐

8 Parmi ces trois illustrations, quelle est celle qui correspond à notre mode d'emploi ? Raye celles qui ne sont pas les bonnes.

a

b

c

9 **Cherche parmi ces trois listes de matériel, celle qui correspond à notre mode d'emploi.**

Liste de matériel 1.

- un cylindre de carton de 7 cm de long (rouleau de papier d'aluminium vide),
- la coquille d'un gros œuf à la coque nettoyée et séchée,
- du papier blanc,
- du carton,
- de la laine,
- des feutres,
- un petit morceau de tissu,
- trois billes,
- une salade,
- quelques lentilles,
- de la colle,
- une paire de ciseaux.

Liste de matériel 2.

- un cylindre de carton de 7 cm de long,
- du papier d'aluminium,
- la coquille d'un gros œuf à la coque nettoyée et séchée,
- du papier blanc,
- des vêtements,
- des feutres,
- un petit morceau de tissu,
- trois billes,
- du coton,
- quelques lentilles,
- de la colle,
- une paire de ciseaux.

Liste de matériel 3.

- un cylindre de carton de 7 cm de long (rouleau de papier d'aluminium vide),
- la coquille d'un gros œuf à la coque nettoyée et séchée,
- du papier blanc,
- du carton,
- des feutres,
- un petit morceau de tissu,
- trois billes,
- du coton,
- quelques lentilles,
- de la colle,
- une paire de ciseaux.

D'après Toboggan magazine n° 43, Editions Milan, juin 1984.

Une histoire sans queue ni tête !

COMPRÉHENSION — VITESSE

10 Coche le plus vite possible la fin correcte de chaque phrase.

1 Cette tarte aurait été délicieuse si
- ☐ a- elle avait été mangée.
- ☐ b- elle avait été plus sucrée.
- ☐ c- elle avait été plus mûre.

2 Tu te serais moins ennuyée si
- ☐ a- tu avais pris la porte.
- ☐ b- tu avais pris le temps.
- ☐ c- tu avais pris un livre.

3 Je me demande si nous aurons du soleil quand
- ☐ a- nous étions vieux.
- ☐ b- nous sommes couchés.
- ☐ c- nous serons en vacances.

4 On aurait mieux fait de garder notre argent plutôt que
- ☐ a- de l'économiser.
- ☐ b- de le gaspiller.
- ☐ c- de le gagner.

5 Dire que la voiture est en panne,
- ☐ a- nous avions prévu de sortir !
- ☐ b- nous avions prévu de dormir !
- ☐ c- nous avions prévu de courir !

11 Coche le plus vite possible le début correct de chaque phrase.

1
- ☐ a- Il est préférable que
- ☐ b- Il est regrettable que
- ☐ c- Il est insupportable que

} tu sois sage si tu veux aller à la fête foraine.

2
- ☐ a- Quel courage
- ☐ b- Quel carnage
- ☐ c- Quel dommage

} que la neige ait fondu si vite !

3
- ☐ a- Je suis vraiment gâtée
- ☐ b- Je suis vraiment affamée
- ☐ c- Je suis vraiment désolée

} d'avoir cassé ce joli vase !

4
- ☐ a- Es-tu malin
- ☐ b- Es-tu certain
- ☐ c- Es-tu chagrin

} d'avoir fermé le gaz ?

5
- ☐ a- Il est indispensable de savoir nager
- ☐ b- Il est indispensable de savoir cuisiner
- ☐ c- Il est indispensable de savoir coudre

} pour faire de la plongée sous-marine.

14

COMPRÉHENSION

VITESSE

Du sens à la forme
De la forme au sens

1 **Trace la piste qui va du mot ▶ DÉBUT au mot ▶ Fin**
Marie les deux premiers mots qui ont le *<u>même sens</u>*.
Reprends le second et marie-le avec celui qui a la *<u>même forme d'écriture</u>*.
Reprends le troisième et marie-le avec celui qui a le même sens et ainsi de suite comme sur l'exemple suivant :

1er mot	2e mot	3e mot	4e mot	5e mot	...
Début	Commencement	Maison	Cabane	Vélo	

↑ *même sens* ↑ ↑ *même forme* ↑ ↑ *même sens* ↑ ↑ *même forme* ↑ ...

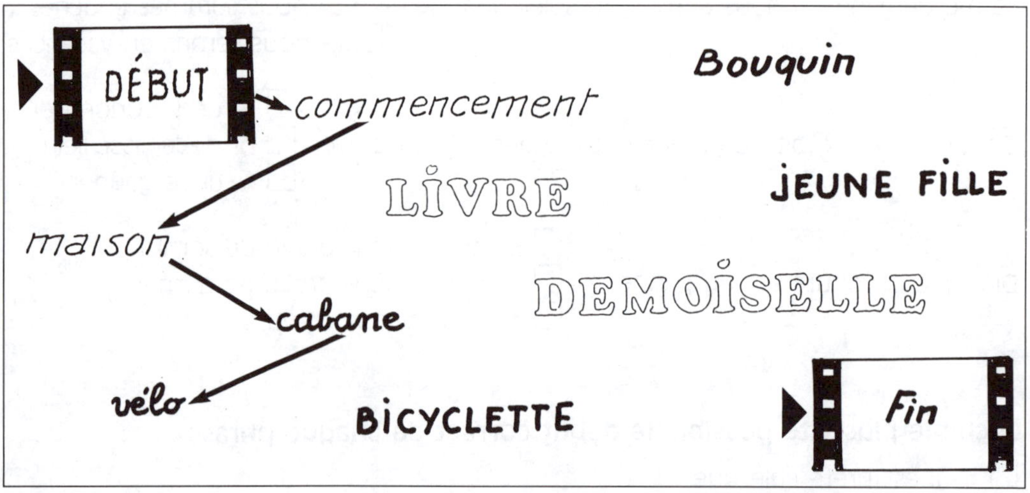

2 **Même consigne que précédemment. Trace la piste qui va du mot ▶ COPAIN au mot ▶ FAINÉANTISE**

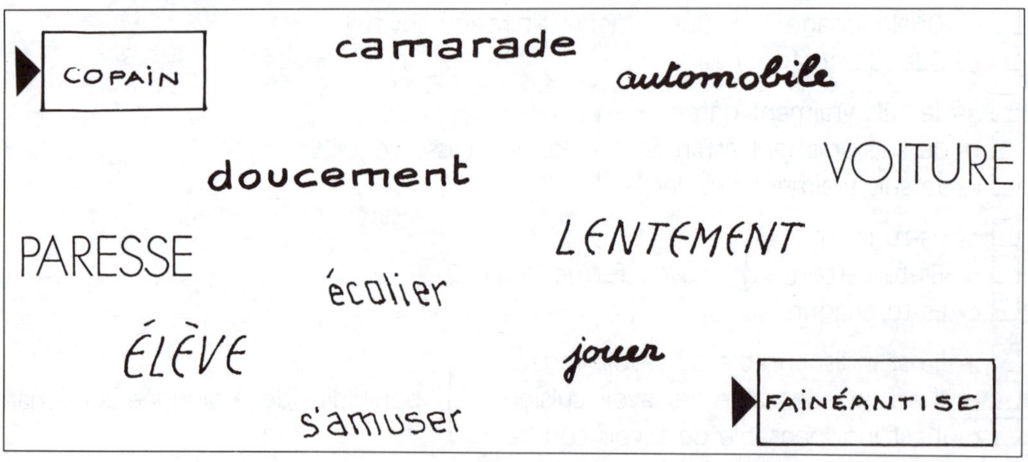

COMPRÉHENSION

Les amis logiques

3 **Chaque mot de la première colonne a un « ami » dans la seconde. Repère ces « amis logiques ». Note, dans la case, la lettre du mot qui correspond.**

1	football	☐	a - vélo
2	judo	☐	b - raquette
3	natation	☐	c - ballon
4	tennis	☐	d - cheval
5	haltérophilie	☐	e - fleuret
6	cyclisme	☐	f - bâtons
7	escrime	☐	g - corde
8	ski	☐	h - haltères
9	escalade	☐	i - maillot de bain
10	équitation	☐	j - kimono

4 **Chaque mot de la première colonne a un « ami » dans la deuxième et la troisième colonne. Repère ces « amis logiques ». Note, dans les cases, les lettres des mots qui correspondent. Le premier est donné en exemple.**

1	repas	D	i	A. clowns	a - rafraîchissant
2	allumettes	☐	☐	B. jus de fruit	b - brûlantes
3	cirque	☐	☐	C. orties	c - rapide
4	orage	☐	☐	D. tartes	d - diluviennes
5	lions	☐	☐	E. grands-mères	e - enneigée
6	boisson	☐	☐	F. train	f - féroces
7	mont Blanc	☐	☐	G. flammes	g - piquantes
8	plantes	☐	☐	H. nourrisson	h - âgées
9	mamies	☐	☐	I. félins	i - succulentes
10	T.G.V.	☐	☐	J. montagne	j - drôles
11	bébé	☐	☐	K. pluies	k - potelé

COMPRÉHENSION

RECHERCHE

La flore alpine

5 **En revenant de colonie de vacances, Arthur expose à son copain Gaël toutes les découvertes qu'il a faites sur la flore alpine. Seulement, voilà, Arthur n'a pas toujours bien fait attention à ce qu'expliquait le moniteur, du coup, il se trompe parfois dans ce qu'il raconte.**
À l'aide des renseignements fournis dans le tableau page 123, vérifie si ce que raconte Arthur est juste. Mets un V ou un F dans la case correspondante.
Sur le tableau, fais bien attention : sous chaque plante, les lettres t'indiquent l'endroit où vit la plante (habitat) et les chiffres t'indiquent le ou les mois où elle fleurit (floraison).

	VRAI ou **FAUX.**	
1 On trouve la Grande Gentiane dans les bois, dans les prairies, mais pas dans les pâturages.		
2 Le Rhododendron est le plat favori des vaches.		
3 L'Aster des Alpes fleurit d'août à octobre.		
4 Le Sabot de Vénus, qui fleurit de mai à juillet, est une plante rare.		
5 On ne trouve le Cyclamen d'Europe que dans les bois.		
6 Un gros bouquet de Lis Martagon parfume agréablement la maison.		
7 Il faut attendre le mois de juillet pour voir fleurir le Chardon Bleu dans les prairies et pâturages.		
8 On ne risque pas de cueillir un bouquet de Genépi au mois de mai !		
9 L'Orchis Vanille mesure plus de 30 cm de haut.		
10 Rien de tel pour se réchauffer qu'une bonne tisane d'Aconit Napel !		

D'après *Le Guide de la Route*, Sélection du Reader's Digest.

PLANTES ALPINES

La floraison alpine se développe dans les meilleures conditions lorsque l'étagement des arbres sur les pentes laisse pénétrer suffisamment de lumière. L'exposition influence également la croissance des végétaux dans les pâturages qui occupent des clairières défrichées. La grande gentiane jaune y apporte souvent un élément décoratif remarquable. La lande alpine succède progressivement à la forêt. Le promeneur aime à y retrouver les parterres magnifiques de rhododendrons ferrugineux dont la floraison s'espace sur une bonne partie de l'été. La plupart des végétaux de montagne sont des buissons bas supportant les rigueurs du climat alpin : ils sont en effet recouverts de neige au long de la mauvaise saison, ce qui les défend du gel.

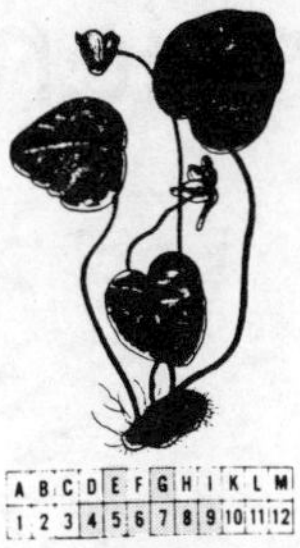

CYCLAMEN D'EUROPE
(Cyclamen Europaeum)
Tubercules toxiques.

GENTIANE A TIGE COURTE
(Gentiana acaulis)
Une seule grande fleur.

RHODODENDRON
(Rhododendron ferrugineum)
Toxique pour le bétail.

LIS MARTAGON
(Lilium Martagon)
Hauteur: 1 m à 1,50 m. Odeur très désagréable

GRANDE GENTIANE
(Gentiana lutea)
Les racines servent à fabriquer des apéritifs.

ÉRIGÉRON DES ALPES
(Erigeron alpinus)
A 2 500 m d'altitude.

ACONIT NAPEL
(Aconitum Napellus)
Plante antinévralgique et très toxique.

EDELWEISS
(Gnaphalium Leontopodium)
Fleur originaire des steppes de Sibérie.

ORCHIS VANILLE
(Nigritella angustifolia)
Hauteur : 10 à 30 cm. Fine odeur de vanille.

SAXIFRAGE AIZOON
(Saxifraga Aizoon)
Hauteur : 10 à 50 cm. Feuilles persistantes.

ARNICA
(Arnica montana)
Hauteur : 20 à 70 cm. Tonique cutané.

ASTER DES ALPES
(Aster alpinus)
Est localisé surtout dans les sols calcaires.

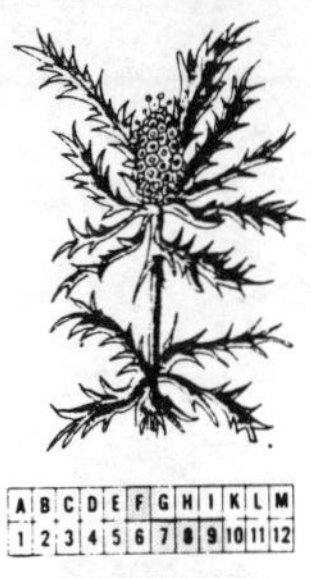

CHARDON BLEU
(Eryngium alpinum)
Sols calcaires. A protéger du vandalisme.

SABOT DE VÉNUS
(Cypripedium Calceolus)
Hauteur : 30 à 50 cm. C'est une plante rare.

GENÉPI
(Artemisia glacialis)
Sert à fabriquer la liqueur du même nom.

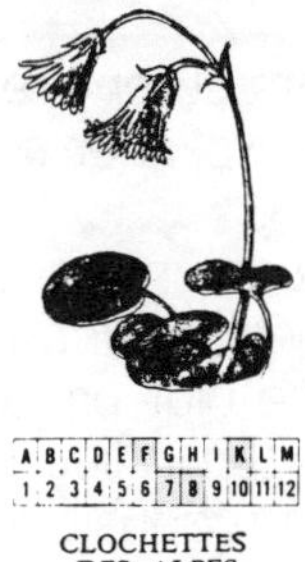

CLOCHETTES DES ALPES
(Soldanella alpina)
Sur le bord des névés.

DRYADE A 8 PÉTALES
(Dryas octopetala)
On peut utiliser les feuilles en infusion.

La présente classification ne retient que l'habitat préférentiel de chaque espèce. Certaines

Habitat	A. Bords des routes et terres incultes	B. Terres arables et massifs	C. Murs	D. Haies et lisières des forêts	E. Bois
Floraison	1. Janvier	2. Février	3. Mars	4. Avril	5. Mai

plantes ne figurent donc pas nécessairement dans la rubrique correspondant à l'habitat où vous les aurez trouvées.

F. Prairies et pâturages	G. Terres calcaires et rochers	H. Landes sablonneuses	I. Sables du littoral	K. Tourbières et landes marécageuses	L. Marais	M. Eau et bord de l'eau
6. Juin	7. Juillet	8. Août	9. Septembre	10. Octobre	11. Novembre	12. Décembre

COMPRÉHENSION

Pas de chien pour Sophie

6 **Indique par une barre la place des mots donnés en marge. Attention, il peut y avoir plusieurs solutions possibles dans la ligne.**

Depuis qu'elle savait parler, Sophie répétait à longueur de
journée :
— Je voudrais tant avoir un chien. Ou un chat. Ou même siamois
un lapin !
— Et pourquoi pas un éléphant ? répliquait invariablement
monsieur Bouton, son père. Crois-tu qu'un animal serait
heureux dans notre petit appartement au dix-huitième
étage ?
aussitôt — Et les saletés ? ajoutait madame Bouton. Non, non,
non ! Pas de bête ici !
Aucun animal ne trouvait grâce aux yeux des parents,
même les poissons étaient bannis : on les soupçonnait rouges
d'être voraces, encombrants et intransportables pendant
grandes les vacances ! Alors imaginez la surprise de Sophie
lorsqu'elle ouvrit la porte de la cuisine, le matin de son
onzième anniversaire : sa mère, qui avait toujours affirmé
qu'elle détestait les chiens, tenant sur ses genoux un tendrement
adorable cocker roux.
— Bon anniversaire, Sophie, dit madame Bouton. Je te
présente Crip : nous avons enfin trouvé le chien idéal :
aucun intelligent, obéissant, et propre — garanti sans microbes.
C'est un robot. Crip, cela veut dire Chien Robot Imité
Parfaitement.
Dès que ses parents eurent refermé la porte derrière eux,
Sophie entreprit d'expliquer à Crip ce qu'elle pensait de clairement
lui :
— Tu te prends pour un vrai chien, mais moi je sais que
vulgaire tu n'es qu'une machine, une boîte de conserve déguisée.
Ce petit discours ne plut pas à Crip qui, grâce à
l'ordinateur qui lui tenait lieu de cervelle, comprenait très donc
bien que Sophie se moquait de lui. Il avança vers elle en
montrant ses crocs, en plastique, mais très pointus tout de
même.
vraiment — Si tu crois que tu m'impressionnes, mentit Sophie. Et
pour se prouver qu'elle n'avait pas peur, elle flanqua au
robot un coup de pied.
Crip n'apprécia pas du tout. Que se passa-t-il dans son
cerveau électronique ? Il se mit tout à coup à courir dans
la cuisine en aboyant comme un fou. Il bondit sur la table
et fit le ménage à sa manière : les bols et la cafetière
volèrent. Et quand il ne se trouva plus rien à casser dans la du tout

cuisine, Crip passa à la salle de séjour. Sophie essaya bien de l'arrêter. Mais, dès qu'elle approchait, le chien robot
aussitôt montrait ses dents. Crip ressemblait parfaitement à un chien, mais enragé. Cachée derrière un fauteuil, Sophie assista, impuissante, au massacre des bibelots et des vases. précieux
Enfin Crip quitta la salle de séjour. Sophie sortit de sa cachette et le suivit prudemment. Le robot fou s'attaquait à la salle de bains. Sophie en profita pour l'enfermer. Ouf !

(A suivre)

COMPRÉHENSION VITESSE

Pas de chien pour Sophie

(Suite)

◆ **7** **Dans cette deuxième partie de l'histoire, cherche le plus rapidement possible le nom « Mamie Julia ». Note le numéro de la ligne où il apparaît. Recommence avec « madame Bouton ». Attention « madame » peut être abrégé en « Mme ».**

Lorsque monsieur et madame Bouton rentrèrent, l'appartement ressemblait à un champ de bataille après le passage d'un ouragan.

— C'est Crip qui est détraqué, expliqua Sophie.

Monsieur Bouton se précipita dans la salle de bains. On entendit des aboiements, des cris, des grondements, des hurlements. Enfin M. Bouton revint, la main ensanglantée :

— J'ai réussi à le déconnecter, dit-il, mais ce monstre m'a mordu. Je vais tout de suite chez le marchand de robots pour me faire rembourser cette machine infernale.

Mme Bouton et Sophie commencèrent à déblayer la cuisine. Elles s'arrêtèrent vite, découragées. Elles mangeaient en regardant tristement l'écran brisé de la télévision, quand Mamie Julia arriva. Lorsqu'elle vit l'appartement dévasté, la vieille dame poussa des cris effarés. Il fallut la mettre au courant des prouesses du chien artificiel.

— Après tout, tant mieux ! dit Mamie Julia. Mon cadeau d'anniversaire pour Sophie n'aura plus grand-chose à démolir. Et elle sortit de son cabas une petite boule de poils gris qui miaulait.

— Il s'appelle Minet, annonça Mamie Julia.

— C'est original, répliqua Mme Bouton. Il ne nous manquait plus que ça !

— Je peux le ramener, dit Mamie Julia vexée. Mais je crois qu'il ferait moins de dégâts que votre robot !

Malheureusement, Mme Bouton n'aimait pas non plus les chats. Sophie désespérait de la convaincre d'adopter Minet, quand M. Bouton rentra. Il portait un volumineux paquet. C'était une sorte de poubelle à roulettes.

— Encore un robot ! gémit Mme Bouton.

— Le vendeur n'a pas voulu me rembourser le chien détraqué, expliqua M. Bouton. Mais il m'a proposé de choisir un autre robot. J'ai pensé que celui-ci nous serait utile : c'est un Robot Qui Fait le Ménage.

— Eh bien, dit Mme Bouton, il peut commencer tout de suite. Et il aura du travail avec notre nouveau pensionnaire.

— Quel pensionnaire ? demanda M. Bouton.

— Minet, répondit Mme Bouton en montrant le chaton qui se faisait gaiement les griffes sur le reste du tapis...

— Mamie Julia : —, —, —, —.

— Mme Bouton : —, —, —, —, —, —, —.

♥ **8** **Relis attentivement le texte dans son entier. Cherche ensuite lequel des trois résumés suivants correspond exactement au texte. Coche le bon. Souligne ce qui est faux dans les deux autres résumés.**

1

Sophie rêve d'avoir un chien depuis qu'elle est toute petite. Mais ses parents refusent. Jusqu'au jour où, pour son treizième anniversaire, sa mère lui offre un adorable cocker roux. Hélas, ce chien, qui est en fait un robot, va tout casser dans l'appartement de la famille Bouton. Monsieur Bouton va l'échanger contre un aspirateur et Sophie se consolera avec le chaton que sa Mamie Odette lui offre pour son anniversaire.

2

Sophie aimerait bien avoir un chien, mais ses parents ne sont pas d'accord. Quelle n'est pas sa surprise lorsque, pour son anniversaire, ses parents lui offrent un adorable cocker roux ! Hélas, ce chien, qui est en fait un robot, va tout casser dans leur appartement. Furieux, monsieur Bouton va le reporter chez le marchand de robots et revient... avec un Robot Qui Fait Le Ménage. Ça tombe bien, car Mamie Julia vient justement d'offrir un chaton à Sophie.

3

Sophie avait tant réclamé que M. et Mme Bouchon, ses parents, finissent par lui offrir un chien pour sa fête. Mais ce chien un peu spécial (il s'agit en fait d'un robot) va tout casser dans l'appartement ! L'oncle de Sophie le reporte chez le marchand de robots et revient... avec un Robot Qui Fait La Vaisselle. Voilà qui tombe bien, car Mamie Julia vient justement d'offrir un perroquet à Sophie !

15 Bilan

La piste de l'espace

VITESSE COMPREHENSION

1 **Trace la piste qui va du mot ▸ terre au mot ▸ ESPACE**
Marie les deux premiers mots qui ont le *même sens.*
Reprends le second et marie-le avec celui qui a la *même forme d'écriture.*
Reprends le troisième et marie-le avec celui qui a le même sens et ainsi de suite.

▸ terre

FUSÉE

téléscope

GLOBE TERRESTRE

UNIVERS

Monde

Engin spatial

COSMONAUTE

LUNETTE ASTRONOMIQUE

astronaute

▸ ESPACE

L'outil dans l'espace de la phrase

VITESSE COMPRÉHENSION

♥ **2** **Dans le texte suivant entoure les bons « mots-outil ».**

A

1 { Dans / Avec / Sur } l'univers, tous les objets { que / quand / qui } tournent autour d'un autre portent le nom de satellite.

(Suite page 128)

2 La Lune tourne { sous / autour de / sur } la Terre ; c'est { donc / enfin / depuis } son satellite.

---

3 { À cause des / Grâce aux / Malgré les } fusées, on envoie { sur / avec / dans } l'espace des « satellites artificiels » { c'est-à-dire / c'est dommage / c'est pourquoi } des satellites entièrement construits { de / par / à } l'homme.

---

4 Ces « satellites artificiels » sont { à / de / le } véritables laboratoires { que / qui / quoi } tournent { dans / avec / sur } l'espace.

B

5 Ils tournent autour de la Terre { de / en / à } décrivant de grands cercles, qu'on appelle orbites.

---

6 { Alors / Mais / Puis } ils ne tournent pas tous dans la même direction, { ne / ni / non } à la même hauteur. Ceux qui restent juste au-dessus de l'atmosphère étudient notre planète { par / de / en } permanence.

---

7 Ils nous envoient des images { que / qui / quoi } nous permettent de mieux connaître la Terre et nous aident { par hasard / par exemple / par mégarde } à prévoir le temps { à cause / grâce / parce que } aux photos des nuages.

◆ **3 Relis ce texte le plus vite possible.**

4 **Maintenant, tu peux sans difficulté retrouver le titre des paragraphes A et B.**

– Qu'est-ce qu'un satellite artificiel ?
- **Paragraphe A.** ☐
- **Paragraphe B.** ☐

– À quoi servent les satellites ?
- **Paragraphe A.** ☐
- **Paragraphe B.** ☐

COMPREHENSION

Les mots-étoile dans les étoiles

5 **Entoure le mot qui a le lien le plus étroit avec le « terme » situé au centre du « mot-étoile ». Fais bien attention à tous les sens possibles des mots...**

SOLEIL : pour, cour, sourd, jour, tour, lourd

SOLEIL : électrique, lumière, ampoule, lampe, abat-jour, panne

LUNE : glace, biscuit, gâteau, croissant, pain, chocolat

LUNE : nuit, fuit, bruit, cuit, suie, lui

ÉTOILE : grille, vrille, quille, lentille, pille, brille

ÉTOILE : danseuse, ballet, coulisses, répétition, tutus, scène

SATELLITE : journal, micro, Journaliste, météo, vedette, chanteur

SATELLITE : dune, rhume, brune, fume, plume, lune

PLANÈTE : prairie, campagne, champ, terre, pâturage, pré

PLANÈTE : terre, guère, chaire, taire, chère, guerre

COMPRÉHENSION

Mais quelle était la question ?

6 À chaque phrase correspond une des trois questions posées en dessous. Coche la bonne question.

1 C'est Jupiter ! Elle est deux fois et demie plus grosse que toutes les autres planètes !

- **a** ☐ Comment s'appelle la plus grosse planète ?
- **b** ☐ Quelle est la planète la plus grosse ?
- **c** ☐ Où se trouve Jupiter ?

2 En plein jour, sur Mercure, il fait 400°, une température qui ferait fondre du plomb.
Mais la nuit, il fait –170°, un froid plus terrible que le plus puissant des congélateurs.

- **a** ☐ Quelle température fera-t-il demain ?
- **b** ☐ Quelle température fait-il sur Terre ?
- **c** ☐ Quelle température fait-il sur Mercure ?

3 La lune est le seul satellite de la Terre, mais d'autres planètes du système solaire possèdent aussi des lunes : Mars en a deux, Jupiter au moins seize et Saturne plus de vingt.

- **a** ☐ Existe-il d'autres lunes dans le ciel ?
- **b** ☐ Où se trouve la Lune ?
- **c** ☐ Quelle est la lune la plus grosse du système solaire ?

4 Bien sûr ! Il y a tellement d'étoiles que les astronomes n'ont pas encore pu toutes les observer.

- **a** ☐ Y a-t-il beaucoup d'étoiles la nuit ?
- **b** ☐ Y a-t-il des étoiles inconnues ?
- **c** ☐ Combien y a-t-il d'étoiles dans le ciel ?

5 Nous pensons qu'aucune planète du système solaire n'accueille la vie.
Mais ailleurs dans l'Univers, il existe sans doute d'autres êtres vivants, d'autres formes de vie.

- **a** ☐ Existe-t-il d'autres êtres vivants dans l'Univers ?
- **b** ☐ Faut-il être en forme pour vivre dans l'Univers ?
- **c** ☐ Les planètes du système solaire sont-elles accueillantes ?

COMPRÉHENSION

Mais où est donc la réponse ?

7 **À ces sept questions correspondent sept réponses. Trouve la bonne réponse, note son numéro en bas de l'exercice.**

QUESTIONS

1 Pourrions-nous marcher sur le Soleil ?
2 N'y a-t-il qu'un soleil dans le ciel ?
3 Y a-t-il d'autres planètes que la Terre dans le système solaire ?
4 Comment s'appellent les planètes du système solaire ?
5 Les planètes tournent-elles toutes à la même vitesse ?
6 Le Soleil est-il beaucoup plus gros que la Terre ?
7 Est-ce que le Soleil est une boule de feu ?

RÉPONSES

a La Terre met 24 heures pour faire un tour sur elle-même, mais toutes les planètes ne tournent pas à la même vitesse.
b Ce n'est pas vraiment une boule de feu ; le Soleil est formé de gaz.
c Dans le système solaire, la Terre et huit autres planètes tournent autour du Soleil.
d Le Soleil est une gigantesque boule, si grosse qu'elle pourrait contenir la Terre un million de fois !
e Les neuf planètes du système solaire s'appellent : Mercure, Vénus, La Terre, Mars, Jupiter, Uranus, Saturne, Neptune et Pluton.
f Il existe dans le ciel des milliards d'autres soleils.
g Bien sûr que non ! parce que sa chaleur nous brûlerait mais aussi parce que le Soleil n'a pas un sol dur comme celui de la terre.

D'après *Dans l'air et l'espace*, collectif, Nathan, 1987, et *Le Ciel*, collectif, Nathan, 1988.

Question 1 Réponse ☐ Question 2 Réponse ☐ Question 3 Réponse ☐
Question 4 Réponse ☐ Question 5 Réponse ☐ Question 6 Réponse ☐
Question 7 Réponse ☐

8 **Sais-tu que les jours de la semaine (excepté dimanche) ont emprunté leurs noms aux planètes du système solaire et à la Lune ? A toi d'associer chaque jour à sa planète d'origine que tu retrouveras dans les phrases ci-dessus.**

LUNDI : ____________. MERCREDI : ____________. VENDREDI : ____________.

MARDI : ____________. JEUDI : ____________. SAMEDI : ____________.

VITESSE RECHERCHE COMPRÉHENSION

Une expédition lunaire...

◆ 9 **Lorsque cette histoire nous a été racontée, nous étions sur la Lune et une pluie d'astéroïdes s'est mise à tomber. Des tas d'* volaient de tous les côtés !**
Tu lis le plus vite possible sans faire attention aux * tombées dans le texte.
Attention, à chaque paragraphe, la pluie d'astéroïdes s'accentue, essaye d'aller le plus vite et le plus loin possible... pour ne pas rester sous les étoiles !
Tu peux t'aider en lisant à haute voix.

1

Charle*s, au cours de* sa scolarité, a pu déve*loppe*r un don qu'il a réussi à garde*r, se*cre*t ; e*n e*ffe*t, il de*vi*ne ce* que* le*s ge*ns ve*ule*nt dire* avant même* qu'ils aie*nt comme*ncé à parle*r : il e*st télépathe*. E*n grandissant, ce* don s'e*st amélioré.
Lorsqu'il doit faire* son se*rvice* militaire*, Charle*s de*mande* l'armée* de* l'air, puis passe* un concours pour de*ve*nir cosmonaute*. Son aptitude* e*xtraordinaire* à compre*ndre* tout ce* qu'on atte*nd de* lui, lui pe*rme*t d'être* rapide*me*nt e*nvoyé, par le* général de*s cosmonaute*s, pour une* mission très spéciale* sur la Lune* : ave*c l'aide* de* se*s amis Éric e*t Be*rtrand, il doit ide*ntifie*r un vaisse*au inconnu !
E*n arrivant sur la Lune*, la surprise* e*st grande*, le* fame*ux vaisse*au n'e*st autre* qu'un te*rrain de* football protégé par un gigante*sque* dôme* de* matière* transpare*nte*, quant aux joue*urs...

2

Le*s trois a*mis s'a*pprochère*nt, de*sce*ndire*nt de* le*ur voiture* spa*tia*le*, e*t vinre*nt se* colle*r contre* la* pa*roi. Et que* vire*nt-ils sous la* coupole* ? Un spe*c*ta*cle* ba*na*l : de*ux équipe*s me*na*ie*nt une* inte*nse* pa*rtie* de* footba*ll sur une* impe*cca*ble* pe*lou*se* a*u ga*zon d'un ve*rt a*rtificie*l. La* pa*rtie* éta*it très ra*pide*, e*t ce*la* n'a*va*it rie*n d'étonna*nt, puisque* ce*s sportifs a*va*ie*nt trois ja*mbe*s e*t de*ux pie*ds à cha*que* ja*mbe*, un tourné ve*rs l'a*va*nt, un a*utre* tourné ve*rs l'a*rrière*. Pour le* re*ste*, ce*s joue*urs a*va*ie*nt de*ux bra*s, une* tête* a*ve*c un ne*z, de*ux ore*ille*s, de*ux ye*ux, une* bouche*, comme* tous le*s Te*rrie*ns.
Le*s trois cosmona*ute*s longère*nt la* coupole* e*t, e*n re*ga*rd du va*isse*a*u,

trouvère*nt un sa*s, a*ve*c une* porte* e*t un bouton rouge*. Ils sonnère*nt, la* porte* s'ouvrit, ils e*ntrère*nt, la* porte* se* re*fe*rma*. A*lors, le*s événe*me*nts se* précipitère*nt. La* porte* intérie*ure* s'ouvrit, ils pénètrère*nt sur le* sta*de*. On le*s vit. Un a*rbitre* siffla*, la* pa*rtie* s'a*rrê*ta*, le*s a*utre*s s'a*pprochère*nt e*t le*s trois cosmona*ute*s le*vère*nt ve*rs le* cie*l le*urs ma*ins vide*s e*n signe* de* pa*ix.

3

Un fo*o*tba*lle*ur ra*ma*ssa* le* ba*llo*n e*t to*us s'a*ppro*chère*nt, très vite*, sur le*urs tro*is ja*mbe*s. L'un d'e*ux se* mit à pa*rle*r :

→ – Açem moc suo vzene vuods iam ?

– Il po*se* sa*ns do*ute* une* que*stio*n, re*ma*rqua* Éric, ma*is po*ur sa*vo*ir la*que*lle*...

→ – Il de*ma*nde* d'o*ù no*us ve*no*ns, dit Cha*rle*s qui fixa*it le*s ye*ux sur le* fo*o*tba*lle*ur à tro*is pie*ds.

– Sa*ns do*ute*, dit Be*rtra*nd, ma*is...

→ – Esuegayov ei xalag aleds no nevs uon.

→ – E*t e*ux, ils vie*nne*nt de* très lo*in, d'une* a*utre* ga*la*xie*, re*prit Cha*rle*s.

Be*rtra*nd o*uvrit une* po*che* de* so*n sca*pha*ndre*, e*n so*rtit un pa*pie*r e*t un cra*yo*n puis il e*ntre*prit de* de*ssine*r le* système* so*la*ire*. Il e*xpliqua*, to*ut e*n fa*isa*nt de*s ge*ste*s :

– Le* So*le*il... le*s pla*nète*s... la* Te*rre*... la* Lune*.

Il fit une* pe*tite* flèche* e*ntre* la* Te*rre* e*t la* Lune* e*t il mo*ntra* so*n gro*upe*. L'un de*s visite*urs prit le* cra*yo*n e*t de*ssina* une* flèche* a*rriva*nt de* l'e*xtérie*ur du système* so*la*ire* e*t pa*ssa*nt pa*r Pluto*n, Ura*nus, Jupite*r, Ma*rs e*n fa*isa*nt que*lque*s cro*che*ts pa*r dive*rs sa*te*llite*s co*mme* A*rie*l, Tita*nia* e*t O*béro*n.

→ – Snortnoc nersuo neuq snia muh srei merp sel setes uov.

→ – No*us so*mme*s le*s pre*mie*rs être*s huma*ins qu'ils re*nco*ntre*nt da*ns no*tre* système* so*la*ire*, dit Cha*rle*s.

4

Éri*c e*t Be*rtra*nd le* re*ga*rdère*nt d'un a*i*r curi*e*ux. I*ls ve*na*i*e*nt se*ule*me*nt de* se* re*ndre* co*mpte* que* Cha*rle*s tra*dui*sa*i*t.

– Tu ne* va*s to*ut de* même* pa*s no*us fa*i*re* cro*i*re* que* tu sa*i*s le*ur la*ngue*, di*t Éri*c.

Cha*rle*s fi*t un ge*ste* va*gue* e*n éle*va*nt un bra*s bo*udi*né da*ns so*n sca*pha*ndre*.

– O*h ! Tu sa*i*s, à l'éco*le*, j'a*i* sui*vi* un e*ntra*î*ne*me*nt spéci*a*l... J'a*i* to*ujo*urs a*i*mé le*s la*ngue*s étra*ngère*s...

– Tu ne* se*ra*i*s pa*s un pe*u télépa*the* ? de*ma*nda* Be*rtra*nd.

– Pa*s vra*i*me*nt, di*t Cha*rle*s. C'e*st si*mple*me*nt que* je* de*vi*ne* un pe*u à l'a*va*nce* ce* qu'o*n a* l'i*nte*nti*o*n de* di*re*, e*t...

→ – Sap tno rdn erp moc ens lir euq ilp xer uel ede nie pal sap tse nec !
E*t Cha*rle*s, a*va*nt même* d'e*nte*ndre* ce*s pa*ro*le*s, a*va*i*t
→ pa*rfa*i*te*me*nt pu déchi*ffre*r le* me*ssa*ge* : « Ce* n'e*st pa*s la* pe*i*ne*
→ de* le*ur e*xpli*que*r, i*ls ne* co*mpre*ndro*nt pa*s ! »
A*i*nsi*, ce*s être*s-là a*va*i*e*nt a*ussi* le*ur spéci*a*li*ste* qui* a*va*i*t pu, dès so*n éco*le* ma*te*rne*lle* à lui*, déve*lo*ppe*r le* même* do*n que* Cha*rle*s !

D'après Jacques Charpentreau, « Cela va sans dire... ». *Dix histoires... tout simplement*, Nathan, 1981.

♣ 10 La pluie d'astéroïdes est très régulière, les * apparaissent uniquement après certaines lettres. Parcours le texte et relève où sont tombées les *. Entoure les bonnes lettres.

Dans le paragraphe 1, les étoiles sont tombées après la lettre :

a - b - c - d - e - f - g - h - i - j - k - l - m -
n - o - p - q - r - s - t - u - v - w - x - y - z -

Dans le paragraphe 2, les étoiles sont tombées après les lettres :

a - b - c - d - e - f - g - h - i - j - k - l - m -
n - o - p - q - r - s - t - u - v - w - x - y - z -

Dans le paragraphe 3, les étoiles sont tombées après les lettres :

a - b - c - d - e - f - g - h - i - j - k - l - m -
n - o - p - q - r - s - t - u - v - w - x - y - z -

Dans le paragraphe 4, les étoiles sont tombées après les lettres :

a - b - c - d - e - f - g - h - i - j - k - l - m -
n - o - p - q - r - s - t - u - v - w - x - y - z -

♥ 11 Tu as sans doute remarqué que seules les phrases des extraterrestres n'ont pas subi la pluie d'astéroïdes... Ils possèdent en effet un système qui les protège des * !

Mais as-tu compris quel était leur code ? Non ? pas encore... Alors, fais bien attention à la phrase prononcée par l'extraterrestre et à la traduction qu'en donne Charles (voir les lignes marquées d'une flèche →).
Maintenant, coche la bonne réponse :

- **a** Ces extraterrestres mélangent toutes les lettres de l'alphabet. ☐
- **b** Les extraterrestres que Charles a rencontrés coupent les mots d'une autre façon que nous. ☐
- **c** Ces extraterrestres parlent à l'envers. ☐
- **d** Ces extraterrestres parlent à l'envers et ne coupent pas les mots de la même manière que nous. ☐

♥12 **Sous la pluie d'astéroïdes, les titres des quatre paragraphes de l'histoire se sont mélangés.**
Retrouve l'ordre de ces quatre titres.
Note le numéro du paragraphe dans la case prévue à cet effet.

Titre du paragraphe	Numéro du paragraphe
Une conversation renversante.	n° ☐
Un don bien curieux.	n° ☐
Charles est-il télépathe ?	n° ☐
Une drôle de partie.	n° ☐

D'après *Dans l'air et l'espace*, collectif, Nathan, 1987, et *Le Ciel*, collectif, Nathan, 1988.

Corrigés

CHAPITRE 1

PAGES 10-11 : **1** 1 : CERISE (3) ; **2** : NAVET (3) ; **3** : CHOU (4).
2 CHÊNE, **3** JARDINIER, **4** CHOC - CHUTE - CHAT.
5 **4 :** POULE (3) ; **5** : ASTICOT (4) ; **6** : COLOMBE (3).
6 RENARD - LOUP, **7** BRIGAND - VOLEUR, **8** CULTURE.

PAGES 11-12 : **9** *Les couples de phrases identiques sont :* **3 ;4 ;5. 8 ;9. 12 ;14 ;15.**
10 mots différents : **6** fantastiques-fabuleux ; **7** démons-géants ; **10** il paraît-on dit ; **11** centaines-milliers ; **13** une faute-un diable ; **16** vilaines-coquines.

PAGES 12-13 : **12** **a1 + b4 ; a2 + b1 ; a3 + b2 ; a4 + b5 ; a5 + b3.**
13 **a1 + b4 ; a2 + b5; a3 + b1 ; a4 + b2 ; a5 + b3.**

PAGES 13 : **14** Pour l'exercice **12 : c5 ; c4 ; c1 ; c2 ; c3.**
Pour l'exercice **13 : c2 ; c5 ; c4 ; c1 ; c3.**

PAGES 14 : **15** **1** : cyclope ; **2** : piano ; **3** : faute d'orthographe ; **4** : taureau ; **5** : lac.

PAGES 15-16 **18** près, sombres, pas du tout, de courage, étrange, tracée, l'endroit, sa présence, sont d'accord, à peu près, de la terre, explications, à la suite, avouer, d'épater.

PAGE 16 : **19** **1** : 5 fois ; **2** : 2 fois ; **3** : 5 fois.
20 **1** : ligne 3 ; **2** : ligne 21 ; **3** : ligne 6 ; **4** : ligne 26.
21 **1** : monstre ; **2** : apparition ; **3** : loutres.

PAGE 17 : **22** : affirment, organisé, créature, prendre, sortir, plongées, bateaux, nageoire, ressemblant, explore.

CHAPITRE 2

PAGE 18 : **1** *Le mot* NOISETTE *apparaît* 4 fois *et* VIOLETTE 6.
2 NOISETTE : **a-5, c-3, d-2, e-8** ; VIOLETTE : **a-2, a-7, b-5, d-9, e-4, e-9.**
3 Ouistiti **a-8** ; Sanglier **a-9** ; Perruche **b-8** ; Scarabée **b-9** ; Scorpion **c-9.**
4 *Le mot* ANGUILLE *apparaît* 5 fois, ANOMALIE 2 *et* AMOUREUX 3.

PAGE 19 : **5** ANGUILLE : **f-3, g-1, g-9, i-3, j-4** : ANOMALIE : **i-9, j-2** ; AMOUREUX : **f-2, g-2, j-8.**
6 AVIATEUR : **f-8** ; ARMATEUR : **h-1** ; AJUSTEUR : **h-3** ; AÉRATEUR : **h-6** ; ASSUREUR : **j-9**.
7 *Les quatre métiers sont* : AVIATEUR : **f-8** ; ARMATEUR : **h-1** ; AJUSTEUR : **h-3** ; ASSUREUR : **j-9**. *Le mot intrus* est AÉRATEUR : **h-6**.

PAGES 19-20 : **9** **a-6 ; b-11 ; c-15 ; d-17 ; e-10.**

PAGES 21-22 : **10** rangés, savoir, l'institutrice, gesticuler, amusant, manquer, Ensuite, constaté, singeries, coin, distraire, très, En plus, punir.

PAGE 22 : **11** **1 :** Geoffroy nous a dit : « En classe, je vais vous faire un message avec un code secret.»
2 : Il a ajouté : « Il faudra connaître le code secret pour faire partie de la bande. »
3 : Il était rigolo à se mettre les doigts dans les oreilles et à se donner des tapes sur la tête.
4 : La maîtresse le regardait, puis l'a puni. Il est allé au coin, car il nous dissipait.
5 : Après il était fâché. « Laissez-moi tranquille ! a crié Geoffroy. Et puis le code secret, c'est fini ! D'ailleurs, je ne vous parle plus. »

12 **1 :** La maîtresse nous a dit de recopier les problèmes qu'elle allait écrire au tableau.
2 : Il était drôlement long, le message de Geoffroy. On ne comprenait pas tout.
3 : On s'est tous retournés et on a vu la maîtresse qui n'écrivait plus au tableau. Elle regardait Geoffroy.
4 : « Je vous regarde faire vos pitreries, mais ça a assez duré comme ça », a dit la maîtresse à Geoffroy.
5 : Le lendemain, Geoffroy nous a expliqué son message. Il nous avait dit : « Ne me regardez pas comme ça, vous allez me faire punir. »

PAGE 25 : **17** **a)** caché ; **b)** tristesse ; **c)** varier ; **d)** s'évader ; **e)** médiocre ; **f)** neuf ; **g)** tonton ; **h)** urgent ; **i)** palais ; **j)** porc.

CHAPITRE 3

PAGE 26 : **1** AMI : 2, PIPE : 2, FOURMI : 1, VIPERE : 2, GARAGE : 2.
2 LOSANGE : 5, TABLEAU : 5.

PAGE 27 : **3** **1** : BÉCASSE, PERDRIX, MOUETTE, CANARI, CORBEAU, FAISAN, MOINEAU, CIGOGNE, VAUTOUR, MÉSANGE.
2 : CHIENNE, GUÉPARD, TAUREAU, CHAMEAU, BELETTE.
3 : *Les trois arbres fruitiers sont* : POMMIER, PRUNIER et POIRIER ; *les mots qui les précèdent sont :* BOULEAU, TABLEAU *et* LOSANGE.
4 : *Les deux animaux marins sont* : PIEUVRE et BALEINE ; *les mots qui les précèdent sont :* PLANCHE *et* TERRAIN.

PAGES 27-28 **4** **5** ; **1** ; **5** ; **1** ; **1**.

PAGES 29-30 **5** **d** ; **b** ; **b** ; **a** ; **c**.

PAGE 30 : **6** Tourner de l'œil **(5)**. Pied de nez **(1)**. Avoir la main leste **(2)**. Homme de tête **(3)**. La reconnaissance du ventre **(5)**.

PAGE 31 : **7** **1** - tondre, broussaille, friche, gazon, taillé, ratissé, allée, desherbée. **2** - branche, jardin, compote, pépin, motoculteur, poire, cornichon, manche, motoculteur, potager, oignons. **3** - Poirier, Petit pois, Marguerite, poireau, navet, marrons, châtaignes. **4** - haricots, pommes, taillant, haie, planté, rouge comme une tomate, pot, fleur, confitures, pâtes de fruits, salades, légumes verts.

PAGES 31-32 : **8** *Histoire invraisemblable ;* **1,** *à cause du voisin qui est un crocodile et de l'heure : au début du texte* « environ vingt-deux heures trente » *et à la fin* « une heure si matinale ».
9 **1 : a ; 2 : c.**

PAGE 32 : **10** **1** : F ; **2** : V ; **3** : V ; **4** : F ; **5** : V.

PAGE 34 : **11** **1** : 15 km ; **2** : Bym Moquette ; **3** : J.-M. Beniamin et J. Jullien.
12 Morvan : 3 fois ; Vauban : 4 fois.

PAGES 34-35 : **13** *de* l'homme ; *de* l'homme ? ; *Le* guépard ; *les* grands ; *de* cette course ; *les* 100 km/h ; *le* lièvre ; *il* est suivi *de* près *par* ; *par* le cheval ; *l'*autruche ; *dans* les années ; *une* vitesse.
Les fourmis et *les* sauterelles ; *les* jeux ; *aux* insectes ; *la* puce, *la* médaille *d'*or ; *en* longueur ; d'*un* bond ; *de* 540 ; *à* la fourmi ; *d'*haltérophilie ; *la* sauterelle ; *la* médaille *du* saut *en* hauteur avec *un*. *Dans* le ciel ! ; *pas* de comparaison ; *l'*homme ; *l'*abeille ; *et* la libellule ; *la* perdrix ; *le* record ; *par* un canard ; *les* 100 km/h.

CHAPITRE 4

PAGE 36 **2** **1 *d* ; ② ; ③ ; 4 *c* ; 5 *d* ; 6 *c* ; 7 *d* ; ⑧ ; ⑨ ; ⑩ ; 11 *d* ; 12 *c* ; ⑬ ; 14 *c* ; ⑮ ; ⑯ ; 17 *d* ; ⑱ ; 19 *d* ; 20 *c* ; 21 *d* ; 22 *b* ; 23 *c* ; 24 *c* ; 25 *d* ; 26 *c*.**
1 *g* ; ② ; 3 *g* ; 4 *h* ; 5 *g* ; 6 *h* ; 7 *g* ; 8 *g* ; 9 *h* ; 10 *g* ; 11 *h* ; 12 *h* ; 13 *h* ; ⑭ ; 15 *h* ; ⑯ ; 17 *h* ; ⑱ ; ⑲ ; ⑳ ; 21 *h* ; 22 *g* ; 23 *h* ; 24 *g* ; 25 *g* ; 26 *g*.

PAGES 36-37 **3** **11** ; **12** ; **21** ; **22**.

PAGES 38-39 **4** *Mots à barrer* : **1** - fusil, **2** - pioche, **4** - alène, **5** - soufflet, cerceau, **7** - œuf, gril, **8** - lyre, **9** - balance, parapluie.

PAGE 40 **5** : **1-a ; 2-b ; 3-a ; 4-c ; 5-b ; 6-a ; 7-b ; 8-c ; 9-b.**
6 : **b.**

PAGE 42 **8** conducteur, jeune, observateur, conduire, tranquille, chauffeur, discrètement, miroir, déplace, distingue.
9 tête, parle, miroirs, Sylvette, chauffeur, Regardez, répond, extraordinaire, vampire, sang.

PAGES 42-43 **10** *Phrase à souligner* : « Il n'a pas d'ombre et ne se reflète pas dans un miroir. » *En effet, quand elle est dans le taxi, Sylvette ne voit pas le chauffeur dans le rétroviseur.*
11 **3.**

CHAPITRE 5 : BILAN

PAGE 44 **1** **1-d ; 2-c ; 3-b ; 4-c ; 5-b ; ⑥ ; 7-c ; 8-d ; ⑨ ; 10-b.**
2 **1** : le cratère ; **2** : la mer ; **3** : la maison ; **4** : les cendres ; **5** : le voyageur.

PAGE 46 **5** **1-c ; 2-a ; 3-c ; ④ ; 5-c ; 6-b ; 7-b ; 8-c ; 9-a ; 10-b.**

PAGES 47-48 **7** d'avant, alarmés, durant, lourd, fracassant, d'exploser, surpris, maintenant, brûlants, secouent, branches, habits, l'envie, ainsi que, morts.

PAGES-48-49 **8** **1** jusqu'à la surface ; **2** Quand, sa force est si grande qu', de se produire ; **3** Quand elle est, et liquide, comme un fleuve ; **4** Au contact de l'air, de la lave. **5** En refroidissant, beaucoup plus ; **6** mesurer, d'une coulée de lave, appelé thermocouple ; **7** qui jaillit à la surface, souvent, à 80, Mais, beaucoup.

PAGES 50-51 **10** *lignes* **1** *à* **7** : volcanologues, savoir, font, morceaux, regardent, dans, ils, température, terre, volcan.
11 *lignes* **8** *à* **13** : porte, bouche, protège, met, brûle, tête, la, volcanologue, moins, lave, volcanologues.
12 **1-V ; 2-F ; 3-F ; 4-F ; 5-V ; 6-V ; 7-V ; 8-V ; 9-V ; 10-V.**

CHAPITRE 6

PAGES 52-54 **1** n° **6** - 19 F ; n° **11** - 15 F ; n° **22** - 10 F ; n° **27** - 18 F ; n° **8** - 15 F ; n° **13** - 20 F ; n° **7** - 11,50 F ; n° **9** - 3 F ; n° **2** - 14 F ; n° **3** - 11,50 F.

2 n° **6-B-a** ; n° **11-B-b** ; n° **22-A-b** ; n° **27-B-b** ; n° **8-A-a** ; n° **13-A-a** ; n° **7-B-b** ; n° **9-B-a** ; n° **2-A-a** ; n° **3-B-b**.

PAGE 54 **3** **1. :** La porte Ouverte et la Librairie Vendôme.
2. : Prisunic.
3. : Fleurs en soie.
4. : Boîte à photos.

PAGE 55 **4** **1-poisson ; 2-meuble ; 3-instrument ; 4-pays ; 5-sport.**

5 **a**-bijou ; **b**-dessert ; **c**-insecte ; **d**-viande ; **e**-jeux.

PAGES 55-56 **6** **2. :** Le crapaud cornu peut avaler des proies aussi grosses que lui (*titre* **a**) ; **3.** : Les avions qui transportent des passagers volent en général à plus de 1 000 km/h (*titre* **b**) ; **4.** : On ne peut pas vivre plus de 4 ou 5 jours sans boire (*titre* **b**) ; **5.** : Le Soleil se trouve à 150 millions de kilomètres de la Terre (*titre* **a**) ; **6.** : Il existe en Thaïlande un papillon qui se nourrit des larmes des bœufs (*titre* **b**).

PAGE 57 **7** **1.** : Les pâtes que tu achètes ne poussent pas sur les arbres ! **2.** Elles sont fabriquées par des machines. **3.** Ces machines mélangent de la farine, de l'eau, des œufs pour faire une pâte. **4.** Puis des appareils étirent et découpent la pâte en petits morceaux de tailles et de formes différentes.

8 **b.**

PAGES 58-59 **10** arriva, dessiné, couverts, veste, Apaches, feu, pirates, Téléphone à, types, amusait, bizarre, étonnant, énorme, précipita, paraissait.

PAGE 59 **11** **2 ; 6 ; 9 ; 10 ; 12 ; 15.**

12 Orphée Mâchefer.

13 **3** framboises.

14 **1-c, 2-e.**

CHAPITRE 7

PAGES 61-62 **3** **I : 1 ; 4, 6 ; 7 ; 10 ; 11 ; II : 2 ; 3 ; 5 ; 8 ; 9 ; 12.**

PAGE 62 **5** : requin, éléphant, oiseau, hippocampe, étoile de mer.

6 : L'éléphant.

7 : La pieuvre et le homard.

PAGE 64 **8** **a-6 ; b-3 ; c-5 ; d-2 ; e-1.**

9 **a-3 ; b-1 ; c-4 ; d-6 ; e-2.**

PAGE 65 **10** **2 :** branche ; **3** : les marrons ; **4** : de papier ; mais surtout ; **5** : s'assemble ; **6** : poids ; **7** : perdue : **8** : de tente ; **9** : blanche.

PAGES 66-68 **11** **1**-5,60 F ; **2**-22 F ; **3**-41 F ; **4**-30,80 F ; **5**-6,40 F ; **6**-9,10 F ; **7**-10,90 F, **8**-« urgent », **9**-122 F.

PAGE 68 **12** **1-b ; 2-c ; 3-c ; 4-a ; 5-b.**

CHAPITRE 8

PAGES 69-70 **2** attendre - chaleur - époque - grand - nid - oiseau - reptiles - serpents - traces - vitesse.

PAGE 70 **3** **2 :** ma voiture/mon automobile ; **3** : le vélo/la bicyclette ; **4** : un instituteur/un maître ; **5** : la pluie/l'averse ; **6** : une grosse bête/un animal énorme.

PAGE 71 **4** **1** : dans la rue/dehors ; **2** : chaque année/tous les ans ; **3** : à l'école/en classe ; **4** : c'est compliqué/c'est difficile ; **5** : quelle joie/quel bonheur.

PAGES 71-72 **5** **1-5 ; 2-13 ; 3-16 ; 7-12 ; 9-20.**
6 **1-15 ; 2-13 ; 4-10 ; 6-12 ; 7-11.**

PAGE 73 **7** gêne, Nous, montre, attention, cinéma, inconvénient, lumières, peux, en l'air, dire.

PAGES 73-74 **8** ma *petite* chérie / *Heureusement*, au feu vert / regarder *sans arrêt* en l'air **ou** en l'air *sans arrêt* / elle ne rit plus *du tout* / en retard *au cinéma* **ou** *au cinéma* en retard / maman a *vite* appelé / *elles doivent* seulement / en *bonne* forme / nous serions *à nouveau* coincées / nous pourrons *enfin* bouger.

PAGES 74-75 **10** **a : 1 / 2 / 4 / 6 / 8 / 9 / 11 / 12. b : 3 / 5 / 7 / 10 / 13.**
12 : c.

PAGES 75-76 **13** **1** : soupe, tortues ; **2** : escargots, verte ; **3** : verte, chaudes, 450 kg ; **4** : marines, carnivores ; **5** : reptiles, reptiles, pondent ; **6** : pondent, milliers ; **7** : tortues, sable, traces ; **8** : couvaison, six à sept, semaines, centaines, vite, d'échapper, oiseaux, l'éclosion ; **9** : 9, la naissance, 3, kilogrammes, couveuse.

CHAPITRE 9

PAGE 77 **1** une petite voiture (**2-14**) ; un ours en peluche (**8-18-26-30**) ; un jeu de cartes (**5-29**) ; un hélicoptère en Lego (**24**) ; un ballon en plastique (**22-25**) ; un camion à benne (**7-28**) ; une boîte de Lego (**16**).
2 *L'intrus est le* roi de France (**20**).

PAGE 78 **3** **1 :** plombier ; **2** : travailler ; **3** : invisible ; **4** : malin ; **5** : chat ; **6** : attendrir.
4 *Le mot* « chien » *apparaît une fois,* « aboie » *une fois et* « niche » *trois fois.*

PAGE 79 **5** **b**-courageux ; **c**-présent ; **d**-coupable ; **e**-vide ; **f**-sèche ; **g**-clair ; **h**-dur ; **i**-bas ; **j**-fragile ; **k**-grand.

PAGES 79-80 **6** **b**-dedans-dehors ; **c**-ralentir-accélérer ; **d**-bruyant-silencieux ; **e**-lentement-rapidement ; **f**-décrocher-accrocher.

PAGE 81 **9** **I : 1-d ; 2-a ; 3-c ; II : 1-c ; 2-b ; 3-e ; 4-d ; III : 1-b ; 2-d ; 3-a ; 4-e.**

PAGE 82 **10** **1-b ; 2-a ; 3-c ; 4-c.**

PAGES 82-83 **11** **ligne 4** : il n'y a qu'une paire de bottes ; **ligne 5** : le portemanteau est vide ; **lignes 7-8** : Florent est assis par terre ; **ligne 10** : il est cinq heures moins le quart à la pendule, il leur reste donc deux heures et quart pour ranger ; **ligne 11** : il n'y a pas de train électrique ; **ligne 12** : ce n'est pas un ballon de rugby ; **ligne 13** : il n'y a pas de poupée ; **ligne 14** : ils ont construit un hélicoptère et non un bateau ; **ligne 15** : Florent n'a pas dessiné de maison au tableau ; **ligne 16** : il n'y a pas de lampe de bureau sur la table.

PAGES 83-84 **12** **1-c ; 2-a ; 3-b ; 4-c ; 5-c.**

PAGE 84 **13** **1**. son chat *Minou* **ou** *Minou son chat* ;
2. s'être *coiffée*, habillée **ou** habillée, *coiffée* ;
3. bonne *petite* vieille ;
4. un petit appartement *sombre* **ou** un *sombre* petit appartement ;

14 **5**. cuillères *à café* ; **6**. chocolat *noir* ; **7**. pain *viennois* ; **8**. beurre *fondu* ; **9**. endive *bien lavée* ; **10**. noix *fraîches* ; **11**. *belle* feuille d'endive.

CHAPITRE 10 : BILAN

PAGE 86 **2** **1-g ; 2-a ; 3-e ; 4-f ; 5-c ; 6-b ; 7-h.**
3 animaux,
4 biche, koala, ours, loup, zèbre,
5 canal, couvreur, creuser, clouer, construire, Christine, Châlons.

PAGE 87 **6** **1** Gustave Eiffel est né à Dijon en 1832.
2 La tour Eiffel pèse 9 700 tonnes.
3 Il faut 45 mn pour monter les 1 710 marches de la tour Eiffel.
4 La tour Eiffel a besoin d'un coup de pinceau tous les 7 ans.
5 Gustave Eiffel a construit de nombreux ponts dans le monde entier.

PAGES 87-88 **7** **1-b ; 2-c ; 3-a ; 4-c ; 5-b.**

PAGE 89 **8** **1-b ; 2-d ; 3-c ; 4-e ; 5-a.**

PAGES 89-90 **9** **1-b ; 2-c ; 3-b ; 4-a ; 5-b.**

PAGES 90-92 **10** Première photo **n° 4**, deuxième **n° 2**, troisième **n° 1**, quatrième **n° 3**
11 Légende **n° 1** - photo **n° 3** ; Légende **n° 2** - photo **n° 1** ; Légende **n° 3** - photo **n° 4** ; Légende **n° 4** - photo **n° 2**

PAGE 92 **12** Titre **n° 3**

PAGES 92-93 **13** Les ouvriers acrobates : **2-3-5-8-10-11.**
L'inauguration : **1-4-6-7-9-12.**

14 *mots barrés :* **a** - commencée, écroulée, mai, juin ; **b** - avaient, risquaient d'avoir, menuisiers, plombiers, pêcheurs, chasseurs ; **c** - beaucoup ; **d** - tisse, chapeau, marteau.

CHAPITRE 11

PAGE 96 **1** **1.** cascadeur, querelle ; **2.** lettre, noix, phare ; **3.** exact ; **4.** miche ; **5.** natif, naufrage.
2 « aile » : 2 fois ; « avion » : 1 fois ; « hélice » : 1 fois.

PAGE 97 **3** **le lit**-dormir, **l'étoile**-scintiller, **l'ordinateur**-programmer, **la lessive**-laver, **la recette**-cuisiner.
4 **1-c ; 2-a ; 3-f ; 4-j ; 5-d ; 6-h ; 7-k ; 8-g ; 9-e ; 10-b ; 11-i.**
5 **1-p ; 2-l ; 3-o ; 4-r ; 5-s ; 6-t ; 7-q ; 8-n ; 9-v ; 10-m ; 11-u.**

PAGE 98 **6** <u>minute</u> → 12, <u>peur</u> → 1, <u>coudre</u> → 7, <u>écorcher</u> → 14, <u>sud</u> → 11,

<u>fourche</u> → 5, <u>la mésange</u> → 2, <u>peur à peur</u> → 9, <u>voiture</u> → 4, <u>moulin</u> → 6, <u>boire</u> → 15, <u>secouer</u> → 13, <u>luire</u> → 10, <u>dour foux</u> → 3, <u>dérouler</u> → 8.

7 **c.** Délicieux aux poires.

8 couteau - saladier - moule - balance - fourchette.

PAGES 99-100 **9** **1-c, 2-b, 3-b, 4-a, 5-c, 6-c.**

PAGES 100-101 **10** **1-b ; 2-a ; 3-a ; 4-b ; 5-a.**

11 *Texte original :*

D'un coup de langue, Matougros avale les dernières gouttes de lait qui perlent sur sa moustache. Il jette un regard attendri sur Mlle Marthe, se frotte un peu contre son mollet gauche, plus par habitude que par réelle envie, s'étire et fait mine d'aller s'étendre un moment sur le radiateur du salon.

En réalité, il tourne dans le couloir et va droit à la salle de bains. À tout hasard, il prend sa musette et sort par la petite fenêtre.

La pluie s'est remise à tomber. La nuit est si noire qu'il lui suffit de baisser un peu la tête pour masquer sa tache blanche et se rendre totalement invisible. Il se sent lourd. Sans doute a-t-il un peu trop mangé. La pluie glace. Il rase les murs, profite du moindre abri et une fois de plus peste contre cette manie de faire des réunions nocturnes.

«C'est une honte, se dit-il, on aurait bien pu prendre des décisions sur-le-champ, chez Charlot... »

Le terrain vague donne sur une petite rue un peu à l'écart, faiblement éclairée par de rares réverbères. Il s'étend derrière une longue palissade maculée d'affiches à demi arrachées. Par manie plus que par besoin, Matougros compte les planches.

« Vingt-deux, vingt-trois, vingt-quatre... C'est ici. »

La vingt-quatrième planche est disjointe et il suffit de la pousser pour entrer dans le terrain vague.

Tous étaient déjà là, sagement assis en rond autour de Minouchat qui parlait et qui, bien entendu, n'avait rien d'intéressant à dire.

PAGE 103 **13** **b.**

14 excellent, regretté, poids, veut, commencez, d'oublier, vides, tard, redoutable, bon, la mordre, m'éclipse, d'une poigne vigoureuse, pris de panique, un peu, viens, partir, dommage, désolée.

CHAPITRE 12

PAGE 104 **1** **1-c ; 2-b ; 3-a ; 4-c ; 5-c ; 6-V ; 7-V ; 8-V ; 9-F ; 10-F.**

PAGE 106 **2** **2-d ; 3-e ; 4-b ; 5-f ; 6-a ; 7-h ; 8-g.**

3 dentiste.

4 **c, 2.**

5 **1-e ; 2-c ; 3-a ; 4-d ; 5-b.**

PAGE 107 **6** **1-b ; 2-c ; 3-d ; 4-a.**

7 abeille, coccinelle, crapaud, escargot, girafe, guêpe, libellule, moustique, poulain.

PAGES 107-108 **8** **1.** car ; **2.** pourquoi ; **3.** mais ; **4.** pourtant ; **5.** pour ; **6.** depuis que, car ; **7.** Après, pour, toujours ; **8.** à, de, en ; **9.** chaque fois, dans, alors.

PAGES 108-109 **9** **1** *Dans l'ordre les numéros des phrases sont :* **1-11-10-8-4-6-3-5-7-2-9 ;**
2 *Dans l'ordre les numéros des phrases sont :* **1-7-5-3-8-2-4-6-9 ;**
3 *Dans l'ordre les numéros des phrases sont :* **3-5-11-4-7-9-1-13-6-12-2-8-10.**

PAGE 109 **11** **3 ; 1 ; 2.**

PAGE 110 **12** **3-a ; 5-b ; 1-c ; 2-d ; 4-e.**
13 **1-b ; 2-f ; 3-a ; 4-e ; 5-d.**

PAGE 111 **14** **1-c ; 2-b ; 3-b ; 4-a ; 5-c.**

CHAPITRE 13

PAGE 112 **1** **1** - locataire ; **2** - câlin ; **3** - automatique ; **4** - intéressant ; **5** - transporteur.
2 « voile » : 2 fois, « bateau » : 1 fois, « mât » : 2 fois.

PAGE 113 **3** SOLEIL-rayon ; MER-vague ; MAISON-toit ; AVION-aile ; VOITURE-roue ; OISEAU-plume ; POISSON-écaille ; CHAT-poil-griffe-patte-queue-yeux-moustache ; LION-crinière.
4 *Il s'agit du chat, la réponse est* **c**.

PAGE 114 **5** **1-c ; 2-c ; 3-a ; 4-b ; 5-b ; 6-a ; 7**-après ; **8**-3e ; **9**-avant.

PAGE 117 **7** **b.**
8 **b.**

PAGE 118 **9** **Liste 3.**

PAGE 119 **10** **1-b ; 2-c ; 3-c ; 4-b ; 5-a.**
11 **1-a ; 2-c ; 3-c ; 4-b ; 5-a.**

CHAPITRE 14

PAGE 120 **1** **1** début → commencement → maison → cabane → vélo → bicyclette → jeune fille → demoiselle → livre → bouquin → fin.
2 copain → camarade → doucement → lentement → élève → écolier → s'amuser → jouer → automobile → voiture → paresse → fainéantise.

PAGE 121 **3** **1-c ; 2-j ; 3-i ; 4-b ; 5-h ; 6-a ; 7-e ; 8-f ; 9-g ; 10-d.**
4 **2-G-b ; 3-A-j ; 4-K-d ; 5-I-f ; 6-B-a ; 7-J-e ; 8-C-g ; 9-E-h ; 10-F-c ; 11-H-k.**

PAGE 122 **5** **1-F ; 2-F ; 3-F ; 4-V ; 5-F ; 6-F ; 7-V ; 8-V ; 9-F ; 10-F.**

PAGES 124-125 **6** chat *siamois* ; ajoutait *aussitôt* **ou** Bouton *aussitôt* ; poissons *rouges* ; *grandes* vacances ; tenant *tendrement* ; *aucun* microbe ; expliquer *clairement* ; *vulgaire* machine **ou** *vulgaire* boîte ; comprenait *donc* ; *vraiment* si tu crois **ou** crois *vraiment* que **ou** m'impressionnes *vraiment* ; rien *du tout* à casser ; montrait *aussitôt* ; des *précieux* bibelots **ou** des bibelots *précieux* **ou** des vases précieux **ou** de *précieux* vases.

PAGES 125-126 **7** Mamie Julia : **11, 13, 16, 18 ;** Mme Bouton : **1, 9, 17, 20, 23, 27, 30.**

PAGE 126 **8** *Le bon résumé : n°* **2.** *Erreurs dans les résumés : n°* **1** ; treizième, aspirateur, Odette ; n° **3** : Bouchon, fête, l'oncle, La Vaisselle, perroquet.

CHAPITRE 15 : BILAN

PAGE 127 **1** Terre → globe terrestre → fusée → engin spatial → monde → univers → lunette astronomique → télescope → astronaute → cosmonaute → espace.

PAGES 127-128 **2** **1 :** Dans - qui ; **2 :** autour de - donc ; **3 :** Grâce aux - dans - c'est-à-dire - par ; **4 :** de - qui - dans ; **5 :** en ; **6 :** Mais - ni - en ; **7 :** qui - par exemple - grâce.

PAGE 129 **4** **A ; B.**

5 SOLEIL-jour ; SOLEIL-lumière ; LUNE-croissant ; LUNE-nuit ; ÉTOILE-brille ; ÉTOILE-danseuse ; SATELLITE-météo ; SATELLITE-Lune ; PLANÈTE-Terre ; PLANÈTE-Terre.

PAGE 130 **6** **1-b ; 2-c ; 3-a ; 4-b ; 5-a.**

PAGES 131 **7** **1-g ; 2-f ; 3-c ; 4-e ; 5-a ; 6-d ; 7-b.**

8 Lundi : Lune ; Mardi : Mars ; Mercredi : Mercure ; Jeudi : Jupiter ; Vendredi : Vénus ; Samedi : Saturne.

PAGE 134 **10** **§ 1 :** *les étoiles sont situées après les* « e » ; **§ 2 :** *les étoiles sont situées après les* « e » *et les* « a » ; **§ 3 :** *les étoiles sont situées après les* « e », *les* « a » *et les* « o » ; **§ 4 :** *les étoiles sont situées après les* « e », *les* « a », *les* « o » *et les* « i ».

11 **d.**

PAGE 135 **3, 1, 4, 2.**

12

N° d'éditeur : 10095307 - (XVI) - (207) - OSBS 80° - Mai 2002
Achevé d'imprimer par CLERC S.A. - 18200 Saint-Amand-Montrond
Imprimé en France